PLANEJAMENTO E ESTRATÉGIA PARA FAZER SEU NEGÓCIO PROSPERAR

HELENA CASANOVAS VIEIRA (ORG.)

EMPREENDER SEM COMPLICAÇÃO

PLANEJAMENTO E ESTRATÉGIA PARA FAZER SEU NEGÓCIO PROSPERAR

2.ª EDIÇÃO

AGIR

aliança empreendedora

O conteúdo desta obra teve como base o material desenvolvido pela Associação Aliança Empreendedora (Curitiba, PR) e foi autorizado e adaptado sob supervisão dessa organização.

Editora Nova Fronteira Participações S.A.
Av. Rio Branco, 115 — Salas 1201 a 1205 — Centro — 20040-004
Rio de Janeiro — RJ — Brasil
Tel.: (21) 3882-8200

Dados Internacionais de Catalogação na Publicação (CIP)

V658p Vieira, Helena Casanovas

Planejamento e estratégia para fazer seu negócio prosperar / Helena Casanovas Vieira (org.). - 2.ª ed. – Rio de Janeiro: Agir, 2023. (Trilogia Empreender sem Complicação)
112 p. 15,5 x 23 cm

ISBN: 978-65-5837-173-1

1.Empreendedorismo. I. Título.

CDD: 658.42
CDU: 685

André Queiroz – CRB-4/2242

Conheça nosso site:

SUMÁRIO

APRESENTAÇÃO

PREPARAR PARA DECOLAR!

Se você leu os dois primeiros livros da trilogia Empreender sem Complicação para saber como iniciar seu empreendimento ou se já começou um negócio e quer se capacitar para fazer as vendas de seu produto ou serviço decolarem, está na hora de avançar um pouco mais e projetar seu crescimento. Para isso, é preciso levar em conta algumas questões muito importantes que vão orientar suas decisões. Por exemplo, você já se perguntou aonde quer chegar? Gosta da ideia de ver seu empreendimento prosperar? Parou para pensar em fazer um planejamento estratégico para alcançar o seu objetivo?

Vamos chamar de "objetivo" o conceito mais amplo do negócio que você tem em mente. A partir dele, é necessário traçar metas bem claras para alcançá-lo. E neste terceiro livro você vai encontrar uma espécie de passo a passo de como empreender com eficiência para consolidar seu empreendimento e torná-lo ainda mais robusto. Para isso, é importante olhar para fora, analisando as oportunidades e os riscos do mercado. Da mesma forma, é preciso olhar mais uma vez para dentro e ver quais são os seus pontos fortes, que devem ser bem utilizados, e os pontos fracos, que precisam ser corrigidos.

Já pensou em calcular o preço justo do seu produto ou serviço de maneira que ninguém ache caro demais para comprar nem barato demais para deixar de valorizá-lo? O que é necessário para torná-lo atraente para o público que você pretende atingir, mesmo que precise cobrar um pouco mais que a concorrência? Que contas o empreendedor precisa fazer para ter certeza de que seu negócio está valendo a pena e produzindo lucro?

Outra coisa fundamental: não se deixe desanimar nem se levar pela conversa de pessoas que tentam fazer você desistir de seu sonho. Há quem diga que "mulher não se dá bem com números". Trata-se de uma grande mentira: elas já provaram que são ótimas administradoras, e hoje representam mais de 50% dos empreendedores de micro e médio porte que movimentam a economia do país! Outra conversa-fiada é a de que é impossível começar um negócio com pouco dinheiro. Já vimos nos livros anteriores, e as estatísticas comprovam, que muita gente que começou com recursos limitados conseguiu não apenas se estabelecer, mas também fazer o empreendimento crescer, bastando para isso administrar com inteligência e responsabilidade. E essas duas coisas não dependem de dinheiro nem de faculdade.

Agora que você já conhece a Teoria do Fazer e aprendeu a usar ferramentas como o *canvas*, vamos apresentar neste livro algumas orientações fáceis de assimilar, junto com exemplos de como é possível promover o crescimento e a prosperidade de seu negócio sem assumir riscos desnecessários nem se endividar. Você vai entender como e no que economizar, inovar e investir sem se descuidar de seu bem-estar ou de sua saúde. Afinal, o trabalho é importante, mas não é tudo na vida.

Pise com firmeza na realidade e vá em frente. Siga o seu sonho sem medo.

VISÃO DE FUTURO

É comum ouvirmos a frase "sonhar não custa nada". Embora ela seja verdadeira, tudo muda quando você decide colocar esse sonho em prática e transformá-lo em um negócio lucrativo. Para atingir esse objetivo, é preciso traçar um plano.

Formada em Administração, Maria do Carmo — aquela personagem que ajudou nossa empreendedora-modelo, a costureira *Zezé*, no livro *Ferramentas para garantir o sucesso de seu negócio* — foi se especializando cada vez mais em orientar empreendedores de micro e médio porte em todas as fases desse processo, desde a criação do negócio até seu estabelecimento na vida real, passando pela gestão financeira, a gestão do tempo e as vendas.

Do Carmo já havia ajudado alguns pequenos empreendedores antes de começar a frequentar a associação de moradores do condomínio em Santa Cruz onde foi apresentada a Zezé. Como consultora e mentora, ela acompanhou todos os passos que transformaram as roupas que a costureira fazia para a família e, de vez em quando, vendia sob encomenda para complementar o orçamento de casa, em uma confecção de verdade. Esse sucesso a inspirou a se aprimorar e a orientar outros pequenos empreendedores.

Ao pesquisar a fundo o tema em sites como empreender360.org.br, Do Carmo percebeu que a dimensão da importância do pequeno empreendedor era ainda maior para a economia do que ela julgava: o Brasil tem mais de 40 milhões de trabalhadores no mercado informal, e a maior parte empreende, influindo na economia da região em que eles vivem e no PIB nacional — o Produto Interno Bruto, que mede a atividade econômica durante determinado período, somando bens e serviços do país e de cada região.

O sonho se torna possível quando se transforma em um objetivo real, perfeitamente alcançável se o empreendedor ou a empreendedora traça bem suas metas e adota um conjunto de ações que garantem sucesso e crescimento.

A administradora buscou uma ferramenta que alcançasse o máximo de pessoas possível para dar orientação a novos empreendedores e aos veteranos que pensavam em expandir seu campo de atuação. Na associação de moradores, descobriu mais de um canal de comunicação: vídeos para serem postados no YouTube, gravação de *podcasts* para veiculação na rádio comunitária local, entre outras mídias. Assim, alcançaria muito mais gente e várias pessoas poderiam enviar suas dúvidas e interagir com ela.

A informação e o aprimoramento ela adquiriu em várias fontes. Aos poucos, Do Carmo foi encontrando o tom certo para se dirigir com segurança a quem a procurava. A primeira coisa que ela faz questão de explicar a todos é que o sonho se torna possível quando se transforma em um objetivo real, perfeitamente alcançável se o empreendedor ou a empreendedora traça bem suas metas e adota um conjunto de ações que garantem sucesso e crescimento.

Planejamento estratégico

Ter visão do futuro é fundamental para o empreendedor, mesmo que você não pretenda crescer muito. É preciso acompanhar o fluxo das mudanças ao seu redor e se adaptar.

E isso não se aplica apenas a quem quer empreender em áreas que dependem da mudança do clima, como alimentação — em que a pessoa precisa procurar produtos que estão em sua melhor época do ano, com preços mais em conta — ou moda — uma coisa que vem, passa e um dia volta.

A pandemia de Covid-19 forneceu a todos um exemplo radical de reviravolta nos hábitos, nas relações de trabalho, nas necessidades do dia a dia em geral. Isso obrigou as empresas a se adaptar. Quem costumava atender dezenas ou centenas de pessoas em uma loja precisou descobrir como vender à distância, seja usando internet, telefone ou outros meios. No início da pandemia, com muita gente trabalhando de casa, as vendas de roupas, por exemplo, despencaram.

Em compensação, muita gente que já fazia quentinhas (ou marmitex) em casa passou a produzir e faturar muito mais, assim como entregadores autônomos. Ou seja, foi preciso muita criatividade para manter seu empreendimento e, mesmo assim, um bocado de gente acabou tendo de desistir porque não estava preparada nem soube se reinventar. Se o empreendedor não souber se planejar para enfrentar obstáculos e não tiver capacidade de adaptação, pode *morrer na praia*, vendo a sua linha do horizonte desaparecer na neblina.

Da mesma forma, é preciso estar atento às oportunidades que aparecem no seu caminho e às novidades do mercado para não perder clientes para algum concorrente mais antenado. Por isso, fazer um planejamento estratégico não é um luxo — é uma necessidade. Pense no que você quer realizar com o lucro de sua empresa. Deseja fazer uma viagem? Seu sonho é comprar um carro? Ou você prefere aumentar seu negócio, comprar equipamento mais moderno e contratar mais gente? Seu sonho deve caber no seu objetivo, e cada ação para alcançá-lo tem um valor a ser calculado. Trace as suas metas.

Quero ser grande

Nas conversas com as amigas e conhecidas que ajudou em Santa Cruz e nas perguntas enviadas pelo YouTube e pela rádio, Do Carmo percebeu que muitas pessoas que estavam trabalhando com vendas pela internet durante a pandemia começaram a pensar em montar uma loja física quando a vida foi voltando ao normal. Quem fazia comida e entregava em domicílio, fosse em residências ou escritórios, passou a sonhar com um pequeno restaurante, por exemplo. Mas quanto custa o aluguel ou a compra do espaço? Quanto será preciso investir?

> **Para a pessoa que já está empreendendo e faturando, fica ainda mais fácil entender quanto ela precisa ter de margem de lucro para conseguir dar um passo adiante em seu sonho. O importante é fazer as contas direitinho, juntar o dinheiro durante o tempo que for necessário e não se arriscar.**

Para empreendedores de qualquer área entenderem como é possível realizar um sonho sem correr risco, Do Carmo encontrou um modelo que ajuda a estabelecer uma meta de poupança diária. Na tabela, depois de pesquisados, os valores são todos computados para avaliação. Há ferramentas disponíveis na internet, produzidas pela Aliança Empreendedora, que permitem, a partir do valor aproximado do bem que você deseja adquirir, fazer automaticamente o cálculo de quanto você terá que faturar por mês para chegar lá, como a tabela da página seguinte, que pode ser baixada no site www.tamojunto.org.br (busque por "meta diária" e você vai encontrar um artigo com um botão para *download* desta planilha).

O sonho pode ser uma loja, um equipamento mais moderno ou qualquer outro, mas, para a pessoa que já está empreendendo e faturando, fica ainda mais fácil entender quanto ela precisa ter de margem de lucro para conseguir dar esse passo adiante. O importante é fazer as contas direitinho, juntar o dinheiro durante o tempo que for necessário e não se arriscar.

PRECIFICAÇÃO DO SEU SONHO

MEU SONHO:				CUSTO TOTAL R$
CUSTO TOTAL R$	÷	Nº DE MESES 1	=	CUSTO POR MÊS R$ -
CUSTO POR MÊS R$ 0	÷	Nº DE SEMANAS 4	=	CUSTO POR SEMANA R$ -
CUSTO POR SEMANA R$ 0	÷	Nº DE DIAS ÚTEIS 5	=	CUSTO POR DIA ÚTIL R$ -
CUSTO POR DIA ÚTIL R$ 0	÷	MARGEM DE POUPANÇA %	=	POUPANÇA POR DIA ÚTIL R$ -

Está com pressa?

Ana, mais uma personagem empreendedora que nos ajuda a colocar os conceitos em prática, procurou Do Carmo com o seguinte problema: precisava comprar uma máquina para derreter chocolate nova em, no máximo, três meses. E o modelo que ela queria custava cerca de R$ 1.800,00. A máquina que havia comprado quando começou o negócio era de segunda mão e pequena para sua produção de chocolates, que, felizmente, estava crescendo.

A administradora fez a conta simples: 1.800 ÷ 3 = 600. Ana precisaria de R$ 600,00 por mês para realizar seu objetivo. Como cada mês tem quatro semanas, então seriam necessários R$ 150,00 semanais.

Aqui vale uma informação importante: Ana tinha aprendido a organizar seu tempo para garantir boas horas de sono e de lazer com a família e os amigos. Assim, trabalhava de segunda a sexta-feira, e se permitia folgar aos sábados e domingos. A partir das contas que Do Carmo fez, a cozinheira concluiu que ia precisar separar R$ 30,00 por dia (150 ÷ 5 = 30) para garantir a máquina dos sonhos.

Com essa orientação e com a ajuda da tabela que baixou pela internet, Ana foi capaz de calcular direitinho quanto chocolate a mais teria de vender por dia. Isso foi fundamental para ajudá-la a pensar sobre quais gastos poderia reduzir e, dessa maneira, poupar para comprar o que era realmente necessário para o negócio. Isso vale para qualquer empreendedor. Por isso é tão importante conhecer o fluxo do seu negócio e organizar as finanças. Só assim você vai poder planejar seu futuro com segurança.

Dê uma olhada em como ficou a tabela da Ana:

PRECIFICAÇÃO DO SEU SONHO

MEU SONHO: Derretedeira				CUSTO TOTAL R$ 1800
CUSTO TOTAL R$ 1800	÷	Nº DE MESES 3	=	CUSTO POR MÊS R$ 600,00
CUSTO POR MÊS R$ 600	÷	Nº DE SEMANAS 4	=	CUSTO POR SEMANA R$ 150,00
CUSTO POR SEMANA R$ 150	÷	Nº DE DIAS ÚTEIS 5	=	CUSTO POR DIA ÚTIL R$ 30,00
CUSTO POR DIA ÚTIL R$ 30	÷	MARGEM DE POUPANÇA %	=	POUPANÇA POR DIA ÚTIL R$ 30,00

Pensar no futuro e fazer um bom planejamento é fundamental para o microempreendedor.

O padeiro e confeiteiro José Antônio, que mora em Bangu, um dos bairros mais populosos e quentes da cidade do Rio de Janeiro, conseguiu realizar o primeiro grande sonho: abrir uma loja física. A dúvida que levou até Do Carmo foi esta: "O que eu posso fazer para melhorar o conforto dos meus clientes? Queria comprar um ar-condicionado, mas ainda não tenho dinheiro para fazer esse investimento."

A administradora começou explicando a José Antônio que nada é impossível, e ele sabia disso. Afinal, conseguiu abrir uma pequena padaria para vender os produtos que antes fazia em casa e comercializava vendendo de porta em porta. Ela também entendia que a necessidade de climatização era importante, ainda mais em uma cidade costumeiramente quente como o Rio de Janeiro, e ajudaria a padaria a prosperar. Se houvesse ventiladores ou um ar-condicionado, os clientes se sentiriam mais à vontade, ficariam mais tempo no local e voltariam mais vezes. E isso, muito provavelmente, significaria um aumento de vendas.

O "conforto dos clientes" poderia parecer um conceito abstrato, amplo demais, mas dois ventiladores ou um ar-condicionado são coisas concretas e definem melhor o sonho de José Antônio no mundo real. Por isso, Do Carmo ofereceu a orientação que ele precisava para alcançar seu objetivo:

> **"Trace um plano de ação e não estenda o prazo de realização para um futuro muito distante. Pense em três meses — seis meses é muito tempo, muita coisa pode acontecer até lá. Se você quer comprar dois ventiladores em um mês e eles custam, somados, R$ 1.000,00, divida o valor por quatro, o que vai dar R$ 250,00 por semana. Se a padaria fica aberta todos os dias, isso significa que você terá que separar R$ 35,71 diariamente para realizar o seu sonho. Converse com as pessoas, alguém pode ter um aparelho usado, mas em boas condições, que custe menos e funcione bem até você ter mais dinheiro em caixa. Converse**

> **com a gerente de sua conta bancária para estudar as melhores opções de crédito. Ponha tudo no papel e planeje o futuro do seu negócio todos os dias."**

A partir dessas dicas fornecidas pela administradora, José Antônio baixou a tabela pela internet e projetou seu sonho:

PRECIFICAÇÃO DO SEU SONHO

MEU SONHO: Ventiladores ou ar-condicionado				CUSTO TOTAL R$ 1000
CUSTO TOTAL R$ 1000	÷	Nº DE MESES 1	=	CUSTO POR MÊS R$ 1.000,00
CUSTO POR MÊS R$ 1000	÷	Nº DE SEMANAS 4	=	CUSTO POR SEMANA R$ 250,00
CUSTO POR SEMANA R$ 250	÷	Nº DE DIAS ÚTEIS 7	=	CUSTO POR DIA ÚTIL R$ 35,71
CUSTO POR DIA ÚTIL R$ 35,71428571	÷	MARGEM DE POUPANÇA %	=	POUPANÇA POR DIA ÚTIL R$ 35,71

> **Estabeleça sua meta diária de poupança para realizar seus sonhos. Você vai ver como vai ajudar no seu foco de trabalho.**

ORGANIZAÇÃO DO TEMPO

O caso do confeiteiro José Antônio inspirou Do Carmo e seus seguidores a tratar de outro assunto muito importante: o planejamento do tempo. Se a padaria abre todos os dias, como ele se organiza e separa horas suficientes para sua família, seu descanso e seu lazer?

Para mulheres que são mães, a questão é ainda mais grave: é comum elas decidirem se tornar empreendedoras pensando em se dedicar mais aos filhos e, de repente, perceberem que estão sem tempo para cuidar deles, de si e até do próprio negócio. Quem nunca ouviu um comentário do tipo "eu precisava de um dia com 48 horas"? Este, infelizmente, é um sonho irreal, não realizável.

Administre as tarefas

Para gerenciar seu tempo e as coisas que precisa fazer, você pode criar listas, usar uma agenda ou algum aplicativo no computador ou no celular. Existem até algumas técnicas para você aprender a administrar seu tempo e seu negócio, mas nada resolve o problema se você não tiver uma boa visão de futuro e não souber o que espera de sua vida. Comece se perguntando **qual é o seu objetivo**. É ser independente e ganhar dinheiro sem ter patrão? Como você vai administrar o seu tempo? Se você não sabe como fazer isso, será difícil administrar um negócio, concorda?

Eliete Silva, de Manaus, escreveu para Do Carmo. Ela estava exausta e preocupada. Começou a vender perfumes e produtos de beleza. Passava o dia na rua e chegava tarde em casa, já pensando em separar o que ia levar na maleta para vender no dia seguinte.

Se você não sabe como gerenciar seu tempo, será difícil administrar um negócio.

Encontrava os filhos dormindo e, ao se deitar, tinha a sensação de não ter feito nada do que havia planejado. Não apenas se sentia culpada por não ter dado atenção à família, como também não encontrava ânimo para cuidar das finanças, saber quanto tinha vendido, se havia lucrado... nada.

"Não desista!" Este foi o primeiro conselho de Do Carmo, que apresentou a Eliete algumas opções de gerenciamento do tempo, como a **roda da vida**. Ela serve para qualquer pessoa, mas é especialmente útil para o empreendedor que deseja administrar melhor seu tempo. Veja a seguir um exemplo e siga as instruções para elaborar sua própria roda da vida.

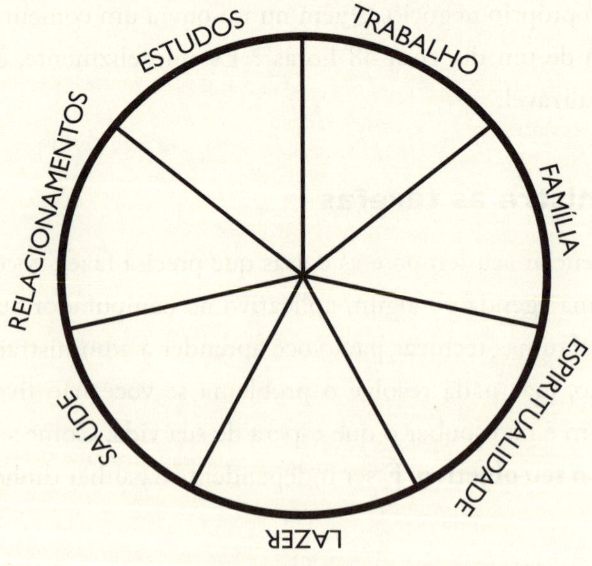

Pegue papel e caneta. Desenhe um círculo e pense nele como a sua semana. Em seguida, comece a fatiá-lo como se fosse uma pizza e veja quanto tempo você dedica a cada espaço. Há diferentes maneiras de fazer isso, dependendo do seu perfil, mas há itens que não podem ser ignorados ao longo da sua semana.

- **Trabalho**: quantas horas por semana você dedica a ele? Inclua aí o tempo que você leva fazendo contas e compras, resolvendo coisas, lidando com clientes, negociando preços, deslocando-se de um lado para outro. Tudo.
- **Família**: quanto tempo você está separando por semana para cuidar da sua família? Você tem prestado atenção às necessidades de seus filhos ou dos seus pais?
- **Lazer**: quanto tempo da sua semana você usa para se divertir? Não importa qual seja a sua diversão favorita. Há quem prefira ver filmes e séries em casa, outros gostam de ir à praia ou passear num parque. Tem gente que adore sair com os amigos, enquanto há quem goste mais de receber os amigos e parentes. E você, o que gosta de fazer?
- **Saúde**: quantas horas você dorme? Você pratica alguma atividade física? Dedica algum tempo a esportes? Quantas vezes por semana? Vai ao médico de vez em quando e faz exames para checar se está tudo bem?
- **Relacionamento**: se você tem um parceiro ou parceira, quanto tempo tem dedicado a essa relação? Pense também nos amigos: você tem dado atenção a eles, tem procurado saber se estão bem? Todos os relacionamentos são importantes para manter a sua vida emocional equilibrada.
- **Espiritualidade**: se você é uma pessoa religiosa, quanto tempo está dedicando às orações? Se não é, está reservando um

tempinho para meditar, relaxar e refletir sobre a vida? Às vezes, até a leitura de um livro inspirador num cantinho sossegado — ou mesmo a contemplação de uma obra de arte numa igreja ou num museu — é capaz de elevar o espírito.

- **Estudos**: você usa alguma parte do seu tempo para estudar, atualizar-se, aprimorar seus conhecimentos e aprender coisas novas?
- Acrescente outras *fatias* que considerar importantes para a sua vida e olhe para a sua *pizza*.

Você se surpreendeu com o resultado do desenho? Mudaria alguma coisa? Acha que está chegando mais perto dos seus objetivos do jeito que usa o seu tempo hoje? Faça outro círculo, concentre-se no que gostaria de mudar na sua roda do tempo e compare o desenho ideal com o retrato de sua realidade. Desta forma, você consegue pensar em ações para distribuir de forma mais equilibrada o tempo que cabe numa semana, contemplando as áreas que têm sido negligenciadas.

Ponha na balança. O que faz você perder tempo e se estressar? Como é possível dedicar menos tempo a essas coisas e manter o foco no que realmente interessa? O que traz mais resultados positivos?

Ao elaborar sua roda da vida, Eliete ficou impressionada com a quantidade de horas que estava dedicando ao seu negócio, esquecendo-se quase completamente da vida pessoal. A gestão do tempo é tão importante quanto a gestão do negócio. Cuidar de si vai impactar a sua produtividade de forma positiva. Todo mundo rende mais quando está descansado. Pense nas suas tarefas. Quais delas trazem mais bons resultados para você e para o seu negócio?

Ponha na balança. O que faz você perder tempo e se estressar? Como é possível dedicar menos tempo a essas coisas e manter o foco no que realmente interessa? O que traz mais resultados positivos? Se alguma tarefa é imprescindível e não pode ser adiada, passe-a na frente das outras. Assim, se surgir um imprevisto, o fundamental estará pronto.

Matriz de Eisenhower

O nome parece difícil, mas essa ferramenta de organização do tempo é simples e antiga. Ela ganhou esse nome em homenagem a Dwight Eisenhower, general do exército estadunidense na Segunda Guerra Mundial e presidente dos Estados Unidos de 1953 a 1961. Ele dizia: "Tenho dois tipos de problemas: o urgente e o importante. Os urgentes não são importantes e os importantes nunca são urgentes."

A matriz de Eisenhower, representada na tabela a seguir, ajuda o empreendedor a ver o que é urgente, o que é importante e o que reúne as duas características. Use-a a seu favor, escrevendo suas atividades no quadro em que melhor se encaixam.

MATRIZ DE EISENHOWER

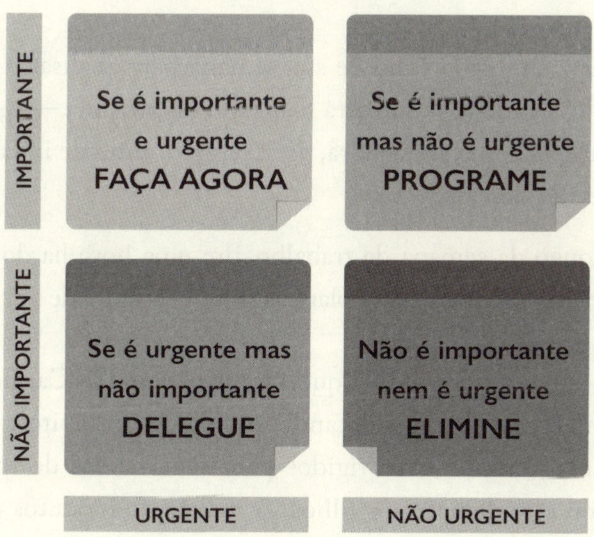

Dá para fazer também numa folha de papel. Divida o espaço em quatro e comece a priorizar suas tarefas, dando nota para elas. Aquelas que são igualmente urgentes e importantes merecem prioridade máxima, ganham nível 1 e devem ser o seu foco imediato. O que é importante sem ser urgente pode ser agendado para outro momento. No nível 2, a tarefa não ficará esquecida, mas programada para ser feita mais tarde.

No nível 3, inclua tudo que é urgente, mas não importante. Você pode se dedicar a essas tarefas se sobrar tempo ou pedir a alguém que as resolva em seu lugar, mesmo que precise remunerar o trabalho de alguma forma. E no nível 4 está tudo que não é urgente ou importante, então... que tal eliminar essas coisas e ganhar mais tempo para cuidar do que realmente interessa?

Um passo de cada vez

É claro que a rotina e o ritmo de vida de uma pessoa não são iguais aos da outra, mas há duas dicas relacionadas à gestão do tempo que podem ser aplicadas em praticamente todas as situações, e são especialmente importantes na vida do empreendedor:

- Reserve um pedacinho de sua semana para analisar o que foi feito e organizar o que será realizado na próxima — use o fim da tarde de uma sexta-feira, por exemplo, antes de iniciar o seu merecido descanso.
- Ao longo da semana de trabalho, tire uma horinha do seu dia também, ao acordar, para planejar as tarefas antes de sair de casa.

Eliete pôs em prática tudo o que aprendeu com Do Carmo. Demorou um pouquinho, mas foi se adaptando, mudando os hábitos. Estabeleceu para si mesma horários mais rígidos para suas vendas de forma a chegar mais cedo e se dedicar aos filhos. A maleta de produtos passou a ser organizada de manhã, antes de sair, e não mais na véspera. A ansiedade diminuiu e ela já consegue separar as horas de trabalho dos momentos de lazer e de convívio com a família.

O COMPORTAMENTO FINANCEIRO

Com sua bagagem de administradora e o aprendizado posterior em empreendedorismo, Do Carmo sabe que gerenciamento financeiro é um assunto complexo, que envolve mais de um aspecto, e todos serão tratados aqui. Ter controle do dinheiro do negócio; saber separar o capital do empreendimento dos gastos pessoais; aprender a lidar com as dívidas, caso elas apareçam... tudo isso é muito importante, assim como o seu perfil financeiro.

O comportamento financeiro do empreendedor é desenvolvido muito antes de sua decisão de comercializar um produto ou serviço, e deve ser analisado a fundo, pois vai influenciar diretamente no negócio. Você cresceu num ambiente em que eram comuns as conversas a respeito de dinheiro, controle de gastos, desperdício e itens supérfluos a serem evitados? Ouviu conselhos como "poupe, guarde um pouquinho todo mês para poder comprar o que você quer"? Hoje, na idade adulta, quando já montou ou pensa em montar um negócio, você fala abertamente de questões financeiras? Discute o assunto com a família ou com amigas e colegas?

> **Qualquer extremo pode ser prejudicial para o empreendedor: gastar demais sem pensar ou não discutir finanças e não investir.**

Na vida pessoal, você se considera uma pessoa consumista ou controlada? Costuma parcelar tudo? Faz compras por impulso, sem pensar, e está sempre com dívidas acumuladas? Ou você só gasta o que pode e tem sempre uma reserva para emergências?

Qualquer extremo pode ser prejudicial para o empreendedor: gastar demais sem pensar ou não discutir o tema "finanças" e não investir em nada.

Teste e descubra

Na internet, há vários testes que o empreendedor pode fazer para descobrir em que perfil se encaixa, mas todos eles têm pontos a favor e contra. Evidentemente, não são verdades absolutas, embora possam indicar se você tende a ser mais gastador, organizado com as finanças ou econômico em excesso.

Analise os resultados, veja o que faz sentido para você e tente modificar o que for preciso para que o seu negócio seja um sucesso. Saber se organizar e poupar não é sinônimo de sovinice ou mesquinharia: é ter controle financeiro e visão de futuro, guardando sempre um pouco do seu lucro para realizar o seu sonho no prazo que se propôs.

Use os testes como uma bússola para corrigir comportamentos radicais que podem ser desastrosos para o seu negócio, como gastar demais, descontroladamente, ou não investir em melhorias benéficas para o seu negócio. Algumas perguntas você pode se fazer desde já para verificar se é muito gastador e vive endividado; se é equilibrado com os gastos; ou se é um poupador exagerado, que teme fazer qualquer investimento e, por isso, não sai do lugar. Vamos lá!

O que você ganha é suficiente para cobrir seus gastos ou você é daquelas pessoas que estão sempre no vermelho do cheque especial, pedindo dinheiro emprestado?

Se o seu caso for o primeiro, ótimo. Caso seja o segundo, ligue o sinal de alerta imediatamente. No entanto, se as contas ficam empatadas — você não ganha, mas também não perde —, mais adiante veremos algumas dicas sobre como começar a ter lucro com o seu negócio.

Você consegue pagar tudo em dia e à vista ou só compra parcelado, sem ligar para os juros? Seja sincero. Não há ninguém querendo julgar você, mas é melhor não tentar se enganar.

Se você parcela todas as suas compras, entra no cheque especial ou pega um empréstimo para pagar outro, é hora de repensar suas ações. Se você só parcela as compras mais dispendiosas, mas paga tudo que pode à vista, geralmente negociando um bom desconto, parabéns! Mas caso não saia comprando as coisas sem pensar ou comparar preços, acione o botão de perigo imediatamente.

Você analisa seu orçamento mensal? Consegue fazer algum investimento?

Em caso de desorganização absoluta das contas, é claro que você não tem sobra para investir, seja no mercado financeiro ou no seu negócio. Se você confere o seu orçamento regularmente e compara os resultados de um mês com os de outro, é bem provável que haja na conta algum dinheiro a ser investido.

A pessoa moderada não arrisca: guarda na poupança, que rende pouco, mas é segura. No entanto, você pode analisar a sua situação e ver se não é a hora de fazer uma aplicação mais ousada no mercado financeiro ou no próprio negócio para incrementar seu lucro. O empreendedor deve estar sempre preparado para enfrentar um contratempo. Que tal refletir a esse respeito e ver como você se comportaria numa emergência financeira?

Vamos falar de independência financeira e aposentadoria. Como você vê esses temas?

A pessoa prevenida reserva um dinheirinho para fazer uma previdência privada, e ela é, geralmente, a mesma que tem como ideal de independência financeira trabalhar apenas por prazer. Se você pretende um pouco menos, mas quer viver com tranquilidade, tocando o seu negócio, comece a pensar em poupar um pouquinho. Mas se o seu caso é viver intensamente como se não houvesse amanhã, ligue o alerta vermelho. Pare, respire fundo e pense nos seus sonhos. Eles são "para ontem"? Ou são de médio ou longo prazo? Lembrou do capítulo "Visão de futuro"? Volte lá e dê mais uma olhadinha. Não toma muito tempo.

Pense em você

Marilene, de Campo Grande, Mato Grosso do Sul, procurou Do Carmo porque não conseguia ter lucro como manicure, apesar de trabalhar muito. Foi funcionária de um salão até o estabelecimento fechar na pandemia. Aos poucos, algumas clientes começaram a chamá-la para fazer o atendimento em casa. A divulgação boca a boca fez crescer o número de clientes. Todas elogiavam seu profissionalismo, sua discrição, seu cuidado com a higiene, o uso do álcool nas mãos, a máscara sempre no rosto. Amigas e parentes ajudaram na divulgação, criaram *blog*, página no Facebook e no Instagram, distribuíram folhetos.

Mesmo assim, ela não conseguia lucrar com seu trabalho, por melhor que fosse. O que ela estava fazendo errado?

Marilene gastava muito. Ela comprava material que não iria usar imediatamente. Também deixava de incluir o custo do transporte de um lugar para outro — se o número de clientes tinha aumentado, o número de deslocamentos provavelmente acompanhou essa mudança.

Este último item talvez pudesse ser corrigido com um pouco de organização. Se Marilene tivesse algumas clientes num mesmo condomínio ou em endereços próximos que permitissem se deslocar a pé sem se cansar muito, atenderia essas pessoas no mesmo dia. Neste caso, a manicure deveria conversar com as clientes, explicar a importância de remanejar o dia do atendimento para melhorar o serviço e administrar o tempo. Essa iniciativa certamente impactaria positivamente sua vida e seu orçamento.

Todo empreendedor precisa fazer esse tipo de cálculo. Nessas horas, a preguiça não tem vez: cada gasto, por menor que seja, faz diferença no resultado do empreendimento, seja essa despesa regular ou não. E se for inevitável, procure encontrar uma fórmula de reduzi-la. Por exemplo, se o seu negócio é produzir bijuterias, evite jogar fora sobras que podem ser usadas na confecção de outras peças. Não tenha vergonha de negociar com fornecedores. Cada economia é importante para tornar a atividade lucrativa.

Veja o caso de Marilene: quando ela contou a Do Carmo que havia comprado um carro, mas não estava conseguindo pagar as prestações e o combustível, a administradora imediatamente sugeriu nova mudança, mais radical: trocar o automóvel por uma pequena moto, que consome menos e é mais barata.

> **Cada gasto, por menor que seja, faz diferença no resultado do empreendimento, seja essa despesa regular ou não. E se for inevitável, procure encontrar uma fórmula de reduzi-la.**

Marilene seguiu a orientação da administradora. Na mesma concessionária em que havia comprado o carro usado, conseguiu fazer a troca do veículo e reduzir o valor das prestações. Em seguida, renegociou sua dívida no banco.

Além disso, Marilene buscou planilhas na internet, passou a fazer os cálculos e conseguiu convencer as clientes a trocar o dia da semana em que eram atendidas. Os resultados foram além do esperado, e ela fez questão de agradecer a Do Carmo pelas orientações valiosas. A manicure finalmente passou a ver o lucro aparecer na conta bancária. Ela também foi beneficiada na administração de tempo, o que resultou em mais convívio com a família.

Um dos temores de Marilene, perder alguma cliente, não aconteceu. Com menos deslocamentos diários graças ao planejamento de seus atendimentos, os atrasos por causa do trânsito praticamente acabaram. A manicure aprendeu, de uma vez por todas, que era necessário parar de fazer compras além de seus limites. Com isso, sua situação financeira melhorou muito, e trabalho é o que não lhe falta, a ponto de pensar na possibilidade de treinar uma ajudante para atender novas clientes.

GESTÃO FINANCEIRA

Quando se trata da gestão financeira de um empreendimento, tudo faz diferença. Você precisa ter um controle rigoroso do dinheiro que entra e que sai, senão corre o risco de achar que tem um lucro que não existe de fato ou de achar que a empresa está no prejuízo quando, na verdade, já está dando um bom resultado. E até a sua remuneração pelo trabalho deve seguir esse critério na hora de fazer o planejamento financeiro.

Como já vimos, é fundamental separar as despesas pessoais das despesas do seu negócio. Por isso, na hora de fazer as contas de seu empreendimento, lembre-se de definir e incluir o seu *salário*, também chamado de pró-labore. Você montou tudo, você faz tudo. Então, não pode se deixar de fora. Se tirar algum dinheiro do negócio para usar com um gasto pessoal, anote no ato. E se injetar algum dinheiro do seu bolso no empreendimento, faça a mesma coisa, registre na hora.

> **Se você está empreendendo "só para ver no que vai dar", sem objetivos claros e um autêntico comprometimento, a chance de não dar certo é grande. Empreender não é brincadeira.**

Muita gente se arrepia só de ouvir a palavra "conta", mas não importa em que fase do negócio você esteja: é preciso aprender a organizar as finanças. Faça isso de uma maneira que fique fácil manter o controle. Por exemplo, use cores diferentes para cada tipo de anotação. Não se assuste com os números. Há várias formas de fazer todos os cálculos: na ponta do lápis ou com a ajuda da internet. O importante é ter uma visão estratégica e o comportamento de um verdadeiro empreendedor.

É uma questão de atitude. Se você está empreendendo "só para ver no que vai dar", sem objetivos claros e um autêntico comprometimento, a chance de não dar certo é grande. Empreender não é brincadeira. Trate o seu produto ou serviço como o que ele é: um negócio.

Outra coisa que você precisa abandonar é o preconceito.

Como já falamos lá no início do livro, não caia no mito de que mulheres não são boas em contabilidade — o que lhes falta, muitas vezes, é publicidade e crédito.

No século IV, Hipátia de Alexandria criou o hidrômetro e revolucionou o ensino da matemática, além de dar aulas de filosofia e astronomia. No entanto, poucos conhecem seu nome. A importância dos cálculos da cientista negra Katherine Johnson e de outras colegas suas da Nasa, nos anos 1960, também só se tornou conhecida devido ao filme *Estrelas além do tempo*.

Desde que o mundo é mundo, são as mulheres que administram o orçamento de casa, põem comida na mesa, pagam o colégio dos filhos, compram material escolar, roupas. Não existe prova maior de que podem ser excelentes administradoras de um negócio.

Organização e disciplina

Organização é fundamental para o sucesso de um empreendimento, mas quando se trata de organização financeira, a questão é ainda mais delicada. Já falamos aqui dos diferentes perfis financeiros, que valem para homens e mulheres e podem tornar complicada a gestão do dinheiro até na vida pessoal. Quem nunca se encantou com alguma coisa e fez uma compra sem pensar? Quantas vezes você já se endividou ou viu algum parente ou amigo desesperado para pagar as contas porque gastou mais do que tinha?

Se o empreendimento nasce de um sonho e se torna realidade, ele também pode ajudar você a realizar muitos outros sonhos porque vai aumentar a sua renda. Com um bom gerenciamento do seu dinheiro, você evita dívidas e tem mais chances de fazer uma reserva financeira para aplicar no que quiser: melhorias do próprio negócio, compra de um equipamento, contratação de funcionários.

Antes, porém, além do já recomendado "não saia comprando coisas sem pensar", faça outros exercícios de reflexão. Pergunte-se:

- O que você planeja realizar daqui a seis meses?
- Quais foram as suas três compras mais recentes? Elas eram necessárias? Proporcionaram felicidade ou geraram apenas dor de cabeça?
- O que você poderia cortar de gastos desnecessários hoje?

Do Carmo, nossa personagem especialista em administração, ouvia muita gente comentando que a vida de quem tem um negócio é muito atribulada, por isso não sobra tempo para cuidar das finanças sem ajuda. Começou, então, a destacar em vídeos e conversas a importância de priorizar a saúde financeira do negócio para evitar dívidas e até a famigerada falência.

> **Estabeleça prioridades. Com liberdade financeira e um sonho em vista, você pode ir longe.**

Só com organização você conseguirá pagar as suas contas em dia, saber qual é o seu saldo a cada mês e pensar estrategicamente nos produtos que são mais lucrativos ou em promoções para os clientes sem sair no prejuízo.

Moacir, de Apucarana, no Paraná, escreveu para Do Carmo contando sua história. Sempre gostou de trabalhar com carros e começou a oferecer serviços como mecânico em sua vizinhança quando conseguiu comprar as ferramentas necessárias para fazer consertos básicos. Durante anos, conseguiu se sustentar assim. A caixa de ferramentas cresceu e, mais tarde, ele comprou uma kombi velha para servir de depósito de todo o seu material de trabalho.

Quando Moacir se casou e começou a pensar em ter filhos, achou que era hora de montar uma oficina de verdade. Alugou uma loja, foi montando o que era preciso, mas logo se enrolou com as contas a pagar e já não sabia quanto tinha recebido e quanto tinha gastado. Do Carmo deu a primeira dica para Moacir se organizar: todo microempreendedor deve anotar suas operações numa tabela simples com as principais informações:

- Qual foi a data da venda?
- Quem comprou o produto ou serviço?
- Quanto o cliente pagou?
- Que produto ou serviço você vendeu?
- Qual foi a forma de pagamento que o seu cliente usou?

Veja o modelo da planilha a seguir para ter uma ideia. Você pode baixá-la no site www.tamojunto.org.br. (Buscar "planilhas financeiras".)

O controle de vendas pode ser feito numa planilha no computador ou no celular, num caderno, num quadro com *post-its*, onde quer que você deseje. Cada pessoa deve usar o que achar mais confortável. Não deixe de fora a forma de pagamento porque, às vezes, um mesmo cliente pode pagar um produto em dinheiro vivo e levar outro parcelado no cartão. Se o empreendedor não ficar atento a isso, não vai saber quando poderá contar com aquela quantia. É assim que as pessoas se enganam e ficam endividadas: elas acreditam que estão lucrando muito e que já podem investir em melhorias sem ter o capital em mãos. Nem sempre um bom volume de vendas é sinônimo de lucro.

CONTROLE DE VENDAS

O controle de vendas tem o papel de reunir informações sobre suas vendas para analisar a cada mês					
Data *Coloque a data em que a venda foi realizada.*	**Cliente** *Informe o nome do cliente que efetuou a compra.*	**Produto/Serviço** *Informe qual foi o produto/serviço comprado e a quantidade (se o cliente realizou a compra de mais de um produto/serviço, preencha uma linha para cada um deles.)*	**Valor (R$)** *Coloque o valor total da venda.*	**Valor (R$)** **À vista**	**A prazo** *Informe quanto deste valor foi pago à vista e quanto foi pago a prazo.*
01/06/2022	João Ferreira	Revisão para viagem	R$ 120,00	Débito	
01/06/2022	Luana Almeida	Lataria (batida)	R$ 800,00		3x crédito
02/06/2022	Dario Albuquerque	Lataria (batida)	R$ 1.200,00		4x crédito

Achou chato? Parece muito trabalhoso? Mas é assim que você vai ver claramente quais produtos têm mais saída, quais são os serviços mais procurados, o que traz mais dinheiro para o seu empreendimento, quais são os melhores dias para vender e que forma de pagamento os clientes preferem. São informações importantes na hora de tomar decisões. Em que você deve investir mais para aumentar as vendas? Afinal, elas são o coração do seu negócio e o põem em movimento.

> **É assim que as pessoas se enganam e ficam endividadas: elas acreditam que estão lucrando muito e que já podem investir em melhorias sem ter o capital em mãos. Nem sempre um bom volume de vendas é sinônimo de lucro.**

Livro-caixa

No caso de Moacir, foi fácil verificar o aumento de movimento na oficina às quintas-feiras porque muitos clientes queriam checar se o carro estava em boas condições para encarar uma estrada no fim de semana, assim como às segundas-feiras, quando os clientes voltavam de viagem. O mecânico, então, pensou que seria uma boa ideia contratar um ajudante, talvez só para esses dias, e foi aconselhado por Do Carmo a rever a decisão: "Faça um livro-caixa, que é outra forma de não perder o controle do seu negócio e gastar acima das suas posses e possibilidades. Se você ainda não tem recursos suficientes para comprar equipamentos ou contratar pessoas, não meta os pés pelas mãos."

No livro-caixa, que pode ser encontrado em papelarias e até em aplicativo de celular, só é anotado o que entrou de verdade e o que saiu naquele dia, como numa caixa registradora de qualquer loja, mesmo que você trabalhe em casa. Ou seja, ele deve ser atualizado diariamente. Essa ferramenta funciona de forma um pouco diferente, mas é muito eficiente. Basta ter disciplina. Anotando tudo que entrou e tudo que saiu, o empreendedor terá como saber o seu saldo e sua capacidade de investimento em melhorias.

Tenha isto em mente: o bom empreendedor precisa ser uma pessoa dedicada e ter força de vontade e empenho para levar adiante as suas ideias. Reserve um tempo no fim do seu dia de trabalho para fazer essa continha. Você não vai se arrepender.

> **Anotando tudo que entrou e tudo que saiu, o empreendedor terá como saber o seu saldo e sua capacidade de investimento em melhorias. Basta ter disciplina.**

No livro-caixa, a ordem das informações é esta: primeiro a data, depois a descrição do produto, o valor de entrada (o preço pelo qual o produto ou serviço foi vendido), o valor de saída (o que você precisou comprar ou pagar) e o saldo (a diferença entre os dois valores).

Outra dica muito importante: quando você fizer um gasto pessoal, como a despesa com um almoço fora ou uma compra pela internet, lembre-se de sempre destacar com cores diferentes no diário o que você comprou para a sua casa e o que você comprou para o seu negócio. Isso facilita a visualização e evita que os gastos se misturem.

LIVRO-CAIXA

Ao preencher esta planilha, você poderá conhecer a origem e o destino de todo o dinheiro movimentado, entrando e saindo, diariamente no seu negócio. CUIDADO! Use uma folha diferente para cada mês.				
Mês	Junho	Saldo inicial do mês	*Anote o saldo inicial do mês na segunda linha*	R$ 8.000,00
Data	**Histórico**	**Entrada**	**Saída**	**Saldo**
Anote a data da entrada ou saída de dinheiro.	*Informe qual o motivo da entrada ou saída de dinheiro. Ex: venda à vista, venda a prazo, compra de matéria--prima, pagamento de aluguel etc.*	*Se se tratar de uma entrada de dinheiro, anote o valor nesta coluna.*	*Se se tratar de uma saída de dinheiro, anote o valor nesta coluna.*	*Calcule o saldo de dinheiro: saída anterior (linha anterior) + entrada – saída.*
01/06/2022	Pagamento à vista João Ferreira	R$ 120,00		R$ 8.120,00
01/06/2022	Óleo – reposição de estoque		R$ 500,00	R$ 7.620,00
01/06/2022	1ª parcela do conserto Eveline Santo	R$ 200,00		R$ 7.820,00
01/06/2022	Pró-labore (meu salário)		R$ 2.500,00	R$ 5.320,00

← *Para o cálculo do 1° saldo inicial como saldo anterior.*

Veja o exemplo acima do preenchimento do livro-caixa do Moacir. No dia 1º de junho, foram essas as entradas e saídas reais que ele registrou durante o dia. Um cliente pagou à vista e o dinheiro já caiu na conta. Esse valor se somou com o saldo inicial que ele tinha. Depois, Moacir precisou pagar o fornecedor de óleo de carro, e o dinheiro saiu do caixa na mesma hora. Além disso, ele recebeu uma parcela de uma cliente que parcelou o pagamento no cartão de crédito, e já transferiu para sua conta pessoal o valor do seu pró-labore para não misturar as contas pessoais com as contas da oficina.

Fluxo de caixa

A terceira ferramenta que Do Carmo recomendou a Moacir para ele organizar as suas finanças é o fluxo de caixa, em que todas as entradas e saídas de dinheiro são separadas por blocos ou categorias — tudo que foi pago no ato da compra entra numa categoria, tudo que foi pago em parcelas entra em outra. Assim é possível ter uma visão de tudo que foi movimentado no seu negócio a cada mês.

Na internet há modelos de tabela e aplicativos como os da imagem a seguir, nos quais os resultados vão surgindo automaticamente a cada valor inserido. Mas se você não navega com facilidade no computador e não tem intimidade com *smartphones*, não há o menor problema: faça o controle no papel mesmo. Chegando ao fim do mês, pegue seu livro-caixa e some todas as entradas e saídas por categorias. Repare que, com a ajuda de uma tabela como essa, você consegue ter uma ideia de algumas "categorias", mas pode criar as suas de acordo com sua conveniência.

FLUXO DE CAIXA

O Fluxo de Caixa mostra todas as movimentações financeiras. Com ele em mãos, você tem informações preciosas para tomar decisões sobre o negócio e também para realizar o seu planejamento financeiro, identificando necessidades de capital de giro, lucro que será obtido no período.

1. Pegue o seu livro-caixa e some todas as entradas e saídas de acordo com a classificação que consta na primeira coluna. Anote o resultado da soma ao lado desta coluna, no mês correspondente

2. Some todas as entradas e saídas de recurso no empreendimento no mês em questão e preencha as linhas "TOTAL ENTRADAS" e "TOTAL SAÍDAS".

		JAN	FEV	MAR	ABR	MAI	JUN	JUL	AGO	SET	OUT	NOV	DEZ
Entradas	Vendas à vista												
	Vendas a prazo												
	Empréstimos												
	Doações												
	TOTAL ENTRADAS	R$ -	R$ -	R$ -	R$ -	R$ -	R$ -	R$ -	R$ -	R$ -	R$ -	R$ -	R$
Saídas	Matéria-prima e insumos												
	Embalagem												
	Aluguel												
	IPTU												
	Energia elétrica												
	Telefone e fax												
	Água												
	Pró-labore												
	Salários (com encargos)												
	Fretes												
	Vale-transporte												
	Desp. com propaganda												
	Desp. com alimentação												
	Manutenção												
	Material de limpeza												
	Material de escritório												
	Pgto. empréstimos												
	Financiamentos												
	TOTAL SAÍDAS	R$ -	R$ -	R$ -	R$ -	R$ -	R$ -	R$ -	R$ -	R$ -	R$ -	R$ -	R$

3. Anote quanto dinheiro tinha no dia 1° do mês em questão. O saldo inicial é sempre igual ao saldo final do mês anterior. Ex: o saldo inicial de abril é igual ao saldo final de março. Para o 1° mês em que você estiver utilizando o fluxo de caixa, considere o saldo inicial como o dinheiro que existia em caixa no 1° dia.

4. Calcule o saldo final e anote o resultado na última linha. Utilize a seguinte fórmula: ***Saldo final = Saldo inicial + Total de entradas – Total de saídas.***

Saldos	Saldo Inicial	R$ -	R$ -	R$ -	R$ -	R$ -	R$ -	R$ -	R$ -	R$ -	R$ -	R$ -	R$
	Saldo Final	R$ -	R$ -	R$ -	R$ -	R$ -	R$ -	R$ -	R$ -	R$ -	R$ -	R$ -	R$

O comércio de bens e serviços prosperou durante séculos sem ajuda sequer de uma máquina de calcular. No passado, muitos comerciantes e empreendedores bem-sucedidos mal sabiam ler e fazer conta de somar, mas anotavam tudo no caderninho. Havia até quem reservasse espaço para clientes fiéis que compravam fiado e saldavam as dívidas quando recebiam o salário, no início ou no fim do mês, mas os tempos eram outros.

Como empreendedor, não descuide desse controle mesmo que você não se considere uma pessoa boa em matemática. Sem saber exatamente quanto dinheiro entrou e quanto dinheiro saiu por categoria no mês, você pode dar um passo maior que as pernas e fazer uma despesa com a qual não pode arcar ainda. Ou pode deixar de fazer um investimento importante para incrementar seu negócio por não saber de quanto dispõe de fato para melhorar e crescer.

Lembre-se: deixar de investir em melhorias pode ser tão fatal para um negócio quanto um investimento feito sem planejamento.

Anote tudo desde a primeira venda, o fluxo de caixa depende das suas anotações no livro-caixa ou livro diário. Pode parecer chato e trabalhoso, mas o seu negócio só tem a ganhar com a organização e o controle das finanças. Guarde um tempo no fim de cada mês para fazer esse fechamento. Você vai ver como vai fazer diferença ter essas informações.

> **Como empreendedor, não descuide desse controle mesmo que você não se considere uma pessoa boa em matemática. Deixar de investir em melhorias pode ser tão fatal para um negócio quanto um investimento feito sem planejamento.**

Capital de giro

Outra coisa muito importante: quando abater o que você gastou do total vendido num dia, não considere o que sobrou na conta — o saldo — como lucro. Desse valor ainda terão de sair novas compras de matéria-prima e outros investimentos no seu negócio. Afinal, seu empreendimento não para, e precisa de capital para se sustentar.

	Saídas	Entradas	
		R$ 120,00	
	R$ 55,00	R$ 85,00	
		R$ 30,00	
	05 de junho – Compra de matéria-prima = R$ 55,00	05 de junho – Vendas = R$ 235,00	

saldo = entradas - saídas **R$ 180,00**

Esse saldo positivo tem um nome que você certamente já ouviu. Ele se chama **capital de giro**, e é esse dinheiro que faz o seu negócio funcionar. É o recurso que você dispõe para comprar o que a empresa precisa para produzir alguma coisa ou oferecer um serviço. Sem capital de giro, a empresa fica paralisada, pois não pode comprar material, pagar funcionários ou qualquer outra coisa que ela precisa para o negócio continuar.

É claro que, se o empreendimento estiver indo bem, a tendência é que você veja esse saldo ir melhorando a cada dia. Com boas vendas e despesas equilibradas, o saldo positivo provavelmente aumentará num dia ou outro. Mas isso não quer dizer que você pode sair usando esse valor adicional. Mesmo que você tenha um bom saldo num determinado dia, não deixe de fazer uma reserva. Por exemplo, se as vendas caírem em um período e o saldo baixar, você terá dinheiro guardado para pagar fornecedores ou a folha de pagamento de funcionários.

> **Sem capital de giro, a empresa fica paralisada, pois não pode comprar material, pagar funcionários ou qualquer outra coisa que ela precisa para o negócio continuar.**

Tudo que pode render algum saldo para o seu negócio, como produtos em estoque, é considerado capital de giro. Por isso é importante fazer o **controle de vendas** e o **controle de caixa**. No fim do mês, você terá uma visão mais clara e ampla do seu negócio.

Para Moacir, a fórmula funcionou, especialmente quando ele percebeu o interesse de sua esposa nos negócios. Aos poucos, ela foi assumindo o controle financeiro da oficina, deixando o marido livre para se dedicar apenas ao conserto dos carros. Não demorou muito para contratarem um profissional de funilaria (ou, como dizem os cariocas, lanternagem) para ajudar o mecânico. Com esse auxílio, Moacir foi capaz de oferecer mais serviços aos clientes além de sua especialidade.

FUJA DAS DÍVIDAS

Como já vimos, cuidar da saúde financeira do seu empreendimento é muito importante. Isso ajuda a dar sustentabilidade a seu negócio. Tem gente que começa uma empresa própria com grande potencial, mas se perde no controle e, quando vê, está faturando menos do que está gastando. Precisa de dinheiro para cobrir o saldo negativo, por isso começa a se endividar.

Há também os que se empolgam quando percebem que o empreendimento está indo bem e querem avançar mais rápido. Pensam: "Se eu conseguir um dinheiro extra para acrescentar ao capital de giro, produzo mais e vendo mais." E quem oferece dinheiro numa hora dessas? Geralmente, o banco, que tem todo interesse do mundo em emprestar recursos para depois cobrar com juros que, no Brasil, são muito elevados.

Foi o que aconteceu com Lucila, do interior de São Paulo. Ela se endividou quando percebeu que era hora de expandir seu negócio de cosméticos: pegou empréstimo no banco e, pouco tempo depois, viu que estava enfrentando muita dificuldade para pagar as parcelas com juros. A empolgação foi substituída pela preocupação porque o negócio não melhorou tão rápido quanto ela esperava.

João Luiz, de Goiânia, também passou por isso. A diferença do caso dele em relação ao de Lucila é que ele quitou tudo, mas ainda não conseguia guardar dinheiro para investir mais em sua pequena loja de consertos de aparelhos eletroeletrônicos. E Tereza, de Valença, no estado do Rio, pegou dinheiro emprestado com parentes para criar uma linha de geleias dietéticas e outras delícias sem açúcar. Acontece que ela não podia deixar a família na mão. Em todos os casos, a grande lição a ser aprendida é esta: a melhor coisa que um empreendedor pode fazer é fugir das dívidas.

Empréstimo vale a pena?

Antes de mais nada, é preciso entender a diferença entre dívida e inadimplência. Ao ligar a luz, você gera uma dívida, pois está usando um recurso pelo qual ainda não pagou, já que sua conta de energia ainda não venceu. Quando você paga a conta, a dívida acaba, e você volta a usar a energia, contraindo uma nova dívida. Mas quando acontece de a conta vencer sem ser paga, aí deixa de ser dívida para virar inadimplência.

"Então não devo pegar um empréstimo, mesmo quando vou usar o dinheiro para comprar uma máquina que vai me ajudar a produzir mais e melhorar meu lucro?" Calma, também não é por aí. Nem toda dívida é ruim. Em alguns casos, captar algum recurso financeiro extra pode melhorar o seu negócio e gerar mais capital. A questão é: pegar um empréstimo no banco, por exemplo, só deve ser feito quando você tem absoluta certeza de que aquele dinheiro vai ajudar seu negócio a crescer mais a ponto de seu lucro ser superior ao que terá de gastar para pagar a dívida.

> **Quando você paga uma dívida, ela acaba, mas quando uma conta ou um boleto vence sem ser pago, aí passa a ser inadimplência.**

Exemplificando de maneira simples: imagine que você tem uma sapataria com lucro mensal de R$ 2.000,00 por mês e pega um empréstimo para comprar uma máquina nova e melhor, pagando uma prestação de R$ 500,00 mensais. Se o novo equipamento ajudar você a dobrar seu lucro para R$ 4.000,00, então valeu a pena pegar o valor emprestado. No entanto, se a máquina nova não melhorou seu resultado, então você aumentou seu gasto (a prestação do empréstimo) e o saldo vai ficar negativo.

Armadilhas

Dívida não é o único risco contra o qual o empreendedor precisa ficar esperto. Além de ter sempre em vista as contas que vão vencer e a importância de manter seu negócio capaz de se sustentar e andar com as próprias pernas, ele deve evitar outras armadilhas. A primeira já foi mencionada mais de uma vez ao longo dos livros que compõem esta trilogia: misturar seus gastos pessoais com os gastos de sua empresa. Evite cair nesse erro, e se precisar fazer isso, anote tudo. Nunca perca o controle.

A segunda é exagerar no estoque. Não compre muito além do que você sabe que vai vender para não ficar com produto encalhado, que é prejuízo. Essa dica é ainda mais valiosa para quem trabalha com itens que têm curto prazo de validade para consumo.

Evite desperdício, e não jogue o seu dinheiro no lixo!

A terceira armadilha é vender fiado: o dinheiro não entra no caixa, fica no bolso do cliente. Mas não é o cliente que paga as contas de sua empresa, não é mesmo? E quem nunca tomou um calote na vida? O cliente pode até não agir de má-fé ao não saldar a dívida que tem com você — como qualquer um, ele pode ter tido um problema sério ou, simplesmente, se esquecido do que havia combinado —, mas o fato é que, mesmo sendo "gente boa" ou "bem-intencionado", se o cliente não paga pelo produto ou serviço, o buraco no orçamento é seu.

Por isso, tanto quanto possível, não venda fiado, por mais que você confie num cliente. Você não tem como saber se tudo vai dar certo e ele vai conseguir honrar o compromisso. E se você não conhece bem o cliente ou sabe que ele tem má reputação, aí mesmo é que não deve dar espaço para o azar. É melhor perder uma venda do que depois se arrepender por ficar sem pagamento e sem produto.

O fato é que, mesmo sendo "gente boa" ou "bem-intencionado", se o cliente não paga pelo produto ou serviço, o buraco no orçamento é seu.

Sem planejamento e controle, o pequeno empreendedor não terá lucro. É por essa razão que são tão importantes todas as ferramentas de gestão financeira citadas neste livro. Quando se dispõe a registrar diariamente o que entra e o que sai na conta da empresa, você fica sabendo qual é o seu capital de giro, aquele saldo de recursos que faz o seu negócio rodar, funcionar.

Com essa informação em mãos, liste as dívidas vencidas e as contas não pagas. Pode ser tanto no computador (talvez numa planilha Excel) quanto num caderno (desses mais simples mesmo), onde você vai começar anotando o tipo de pagamento que precisa fazer. É a conta de gás? A prestação de uma ferramenta que precisava para trabalhar? Ou um empréstimo que havia pedido para comprar material? Não importa qual a natureza da dívida, anote o nome da empresa ou da pessoa a quem você deve fazer o pagamento.

Em seguida, ao lado do nome da pessoa para quem você está devendo, coloque o valor da dívida. É importante que você anote esta informação da maneira mais correta possível, pois um erro pode fazer uma enorme diferença no resultado, fazendo você pensar que tem menos ou mais dinheiro disponível (capital de giro). Se você não lembra, por exemplo, o valor da prestação de um equipamento adquirido e não encontra o boleto, procure os comprovantes de pagamento dos meses anteriores, em vez de *chutar* um número qualquer.

Seguindo a sequência, ao lado do valor você deve anotar a data de pagamento. Mais uma vez, a correção da informação é extremamente importante por dois motivos: (1) se você não sabe a data e paga antecipado, esse dinheiro pode faltar para cobrir uma dívida que vai vencer antes ou para outra despesa mais urgente; (2) se você *der bobeira* e deixar passar o dia do vencimento, provavelmente terá de pagar com juros e multa. É mais dinheiro saindo, o que pode causar desequilíbrio em suas contas e comprometer seu capital de giro. Marque certinho a data de vencimento de cada dívida ao lado do valor para não esquecer.

Por fim, assim que escrever a data, anote o telefone e o e-mail de contato da pessoa ou do contato da empresa a quem você deve. Parece ser um exagero — afinal, você já sabe e anotou para quem, quando e quanto tem de pagar —, mas não é. Imagine, por exemplo, que você tenha a prestação de um equipamento que comprou para seu trabalho no valor de R$ 155,00 vencendo no dia 12 de maio, mas, no dia 11, um cliente que ficou de pagar por seu serviço deixa você *na mão*. Se você não tem o recurso, talvez possa ligar e tentar renegociar a data, pedindo mais alguns dias até o dinheiro entrar em sua conta. Há empresas que fazem isso sem cobrar juros ou multa. E mesmo que cobrem, pelo menos você pode evitar que seu nome entre no rol de inadimplência, ou seja, a lista de pessoas que não cumprem seu compromisso e deixam de pagar. Para essas pessoas, comprar a prestação é praticamente impossível. E você não quer passar por isso, com certeza.

Prioridades

Tendo anotado tudo em um caderno ou listado em uma planilha no computador, agora é hora de priorizar os pagamentos. Aí entram dois critérios: data de vencimento e importância da dívida. E aqui vale mais um exemplo: Valéria, uma doceira talentosa que mantinha uma pequena empresa para atender encomendas de festas e de alguns comerciantes, tinha R$ 130,00 de saldo no primeiro dia da semana em que venceriam duas contas: uma de energia elétrica, no valor de R$ 94,00, e outra da operadora de telefonia e internet, cujo boleto era de R$ 102,00. Além disso, precisaria comprar cerca de R$ 500,00 em material para as encomendas da semana seguinte.

A matemática simples indica que, com R$ 196,00 a pagar mais a necessidade de adquirir matéria-prima, o capital de giro (o dinheiro disponível) não seria suficiente para tudo. Mas havia um recebimento programado para o dia seguinte e outro para dois dias depois, relativos a pagamentos que ela receberia de clientes, num total de R$ 810,00.

Valéria sempre foi uma pessoa correta e zelosa com suas dívidas. Estava com tudo em dia, e às vezes pagava até com antecedência. Mas como seu saldo era limitado e ela era muito organizada, priorizou o pagamento da conta de telefonia e internet, cujo vencimento era no dia seguinte. Era seu compromisso prioritário, pois, além de ser o primeiro a vencer, era muito importante, já que ela recebia a maior parte das encomendas pelo aplicativo WhatsApp. Assim, ela ficou com R$ 28,00 de saldo (os R$ 130,00 que tinha menos os R$ 102,00 da conta de telefonia).

Dois dias depois, quando recebeu o primeiro pagamento de clientes, no valor de R$ 510,00, Valéria passou a ter R$ 538,00 em conta, o suficiente para comprar o material para as encomendas da semana seguinte. No entanto, se fizesse isso, deixaria de pagar a conta de energia elétrica, que vencia naquela mesma data. A doceira pesou as prioridades e não teve dúvidas em pagar a conta, ficando com R$ 444,00 de saldo. Não era suficiente para comprar o material para as encomendas, mas o raciocínio estava correto, pois o recebimento seguinte, no valor de R$ 300,00, chegou dois dias mais tarde, fazendo com que ela passasse a dispor de R$ 744,00 de capital de giro, mais que suficiente para ela comprar todo o material a tempo de preparar as encomendas da semana seguinte.

Perceba a importância de um bom controle financeiro. Valéria se planejou para ter o dinheiro necessário para pagar as contas no dia certinho do vencimento, como ela sempre fazia. Não se precipitou, pois como tinha um bom planejamento, sabia que o dinheiro entraria a tempo de comprar o material para as próximas encomendas. Ela era organizada e muito responsável com seus compromissos.

Com tudo que você tem a pagar registrado em um caderno ou em uma planilha no computador, agora é hora de priorizar os pagamentos. Aí entram dois critérios: data de vencimento e importância da dívida.

Quando você percebe que, depois de pagar tudo, sobrou pouca coisa ou mesmo nada, então há duas coisas a fazer: tentar gastar menos e vender mais. Como clientes não aparecem num passe de mágica, não fique esperando até a sorte sorrir: tome uma iniciativa e veja o que dá para reduzir nas contas a pagar. Há coisas que não podem ser deixadas para depois, como a energia elétrica, necessária para todo tipo de atividade, é claro. Mas se a conta estiver muito alta, você pode pensar em maneiras de baixá-la consumindo menos energia — por exemplo, usando menos equipamentos ou trocando por modelos mais modernos e mais econômicos.

Você também pode renegociar sua dívida com algum fornecedor, conseguindo um prazo maior para o pagamento ou um parcelamento. Mas é preciso muito cuidado quando se deve para um banco. Você pode ter um amigo gerente, mas não existe gerente amigo na hora de cobrar, pois eles seguem as orientações da diretoria. Além de praticarem juros altíssimos, colocam seu nome na lista de inadimplentes antes que você se dê conta. E não caia na armadilha de pegar um novo empréstimo para cobrir o anterior, senão o buraco provocado pelos juros pode virar um rombo irreversível nas suas finanças, um poço sem fundo... e sem volta.

Criatividade

Pode ser que você já tenha ouvido isso muitas vezes, mas é a pura verdade: o empreendedor precisa ser criativo, pois a concorrência não para, e tem sempre alguém querendo oferecer o mesmo produto ou serviço que você, só que de um jeito mais atraente para atrair seu cliente. Ou então, encontrando maneiras de fazer a mesma coisa que você faz, só de que uma forma mais eficiente, o que permite a ele cobrar menos e, assim, se destacar. Por isso, não fique parado e use sua criatividade.

Quando as vendas estão estagnadas ou caindo, não existe milagre, a única solução é vender mais. Para isso, é preciso colocar a cabeça para trabalhar. Pense, por exemplo, em baixar um pouco o preço de seu serviço ou produto, mesmo que por um tempo limitado. Além de agradar seus clientes atuais, é possível que isso ajude a captar outros novos. Se você errou no planejamento, comprou material demais e agora está com problema de estoque excessivo, veja se dá para criar kits ou combos com preço promocional — três bijuterias pelo preço de duas, 20 salgadinhos a mais para quem comprar o cento, corte do cabelo com 50% de desconto para quem fizer pintura também, enfim, o que você sentir que pode ajudar a escoar o material excessivo e melhorar a venda.

Se o caixa está baixo porque você vendeu fiado e o cliente não pagou na data combinada, o jeito é correr atrás de quem lhe deve dinheiro. Não se sinta constrangido em cobrar — é seu direito. Pode ser que, em alguns casos, valha a pena até negociar um prazo ou o parcelamento da dívida. Melhor receber alguma coisa depois do que não receber nada. Mais importante ainda é aprender a lição e não repetir o erro.

> **A concorrência não para, e tem sempre alguém querendo oferecer o mesmo produto ou serviço que você, só que de um jeito mais atraente ou mais eficiente.**

Se, em último caso, você não tiver outra solução senão apelar para o banco com o objetivo de manter o seu sonho, então procure pesquisar muito. Informe-se sobre as melhores opções do mercado financeiro, as linhas de microcrédito com juros mais baixos, as condições mais favoráveis, quem oferece isenção de taxas. De novo, a questão: você pode ter um amigo gerente, mas ele não será um gerente amigo se oferece condições mais desfavoráveis que seu concorrente.

Lucila seguiu as dicas de Do Carmo e, antes mesmo de renegociar sua dívida, fez algumas promoções para aumentar a venda de cosméticos, que havia caído por causa da pandemia de Covid-19. Reduziu o estoque, decidiu investir mais em cremes de tratamento da pele do que em itens de maquiagem, listou suas contas e pôs as prioritárias acima das demais.

Ao ver que, ainda assim, não conseguiria pagar todas as parcelas do empréstimo bancário que havia contraído, buscou outras ofertas no mercado financeiro e encontrou uma opção de crédito com juros menores. Trocou uma dívida por outra, sem dúvida, mas conseguiu quitar o empréstimo inicial e agora paga parcelas menores todo mês.

João Luiz, por sua vez, conversou com seus fornecedores, negociou melhores preços na compra do material necessário para manter sua loja bem-equipada e reduziu sua conta de energia elétrica, trocando todas as lâmpadas por modelos mais econômicos e evitando ficar até tarde fazendo consertos. Dessa forma, não apenas aproveita ao máximo a luz natural que entra pela claraboia de sua pequena loja — o que significa economia — como passou a chegar mais cedo em casa e desfrutar mais a companhia da família. Além de auxiliar os filhos com o dever de casa, ainda tem tempo de ajudar a esposa nas tarefas domésticas.

No caso de Tereza, uma grande promoção foi a solução para quitar a dívida com a família. Ela fez um inventário do estoque e viu o que precisava ser vendido primeiro. Em seguida, ofereceu seus produtos aos principais negociantes de sua região para despertar seu interesse em comercializá-los em sistema de consignação. Ela também usou a internet para anunciar suas guloseimas dietéticas, atraindo os turistas que visitam sua cidade nos fins de semana e feriados.

Com isso, Tereza passou a vender para lojas e mercados que antes não a conheciam, assim como também para alguns hotéis cujos donos acharam interessante a opção de oferecer geleias, biscoitos e bolinhos sem açúcar aos hóspedes no café da manhã. O aumento de vendas permitiu que ela honrasse todos os compromissos. Agora, não deve nada a ninguém, e a família incentiva e divulga seu empreendimento.

Se alguém lhe deve dinheiro, não se sinta constrangido em cobrar — é seu direito. Pode ser que, em alguns casos, valha a pena negociar um prazo ou parcelamento da dívida. Melhor receber alguma coisa depois do que não receber nada.

Fiado nunca mais!

Vamos voltar rapidamente ao alerta do início deste capítulo, a respeito das armadilhas do microempreendedor: fique esperto, pois quando vende fiado, quem paga a conta é você! Simples assim. Você se esforça para oferecer um ótimo serviço, capricha para criar um excelente produto e... cadê o dinheiro no bolso ou na conta?

"Ah, mas Fulano é meu amigo, Beltrana é tão gente boa", você pode pensar. Sim, mas Fulano pode ter um problema qualquer, deixar você *no veneno* e a amizade ainda vai para o espaço junto com a dívida. O prejuízo pode ser duplo. E a Beltrana pode ser um doce de pessoa, mas, ao mesmo tempo, meio desorganizada ou esquecida, não é?

Portanto, evite problemas quando se trata das finanças do seu empreendimento. Tenha sempre em mente que...

1. Se o cliente não pagar pelo que levou, você vai precisar tirar o valor do **seu salário** para tapar o buraco nas contas.
2. "Amigos, amigos, **negócios à parte**." Pode ser uma frase batida, mas leve a sério porque é verdadeira. Aliás, inclua nela os parentes também.
3. Vender fiado é jogar com o imprevisto; é não saber **quando** e **se** você vai ver esse dinheiro. Sem exagero, isso pode ser mortal para o seu negócio.

Há meios de evitar embarcar nessa canoa furada.

1. Ofereça a quem lhe deve várias opções de pagamento: dinheiro, cartão de débito, parcelado no cartão de crédito, cheque, PIX etc.
2. Investir numa maquininha para passar cartões é muito bom porque ela pode ser usada em qualquer lugar e ir até o cliente com você. A desculpa de que esqueceu de sair com dinheiro não funciona.

3. Se o cliente viu uma coisa que você está vendendo, gostou, mas diz que não tem como pagar naquele momento, proponha separar e guardar o produto para ele até uma data determinada. Seja gentil, mas firme. Você pode demonstrar profissionalismo e interesse em manter o cliente, tudo ao mesmo tempo.
4. Ponha avisos nas paredes anunciando as formas de pagamento que você aceita. Há plaquinhas bem-humoradas para pendurar e avisar que você não vende fiado. Escolha a sua. Você pode procurar na internet, há muito material sobre o tema, assim como muitas sugestões de cartazes. Que tal "fiado só para maiores de noventa anos acompanhados dos pais"? Ou "fiado só para quem pagar adiantado"?

> **Vender fiado é jogar com o imprevisto; é não saber *quando* e *se* você vai ver esse dinheiro. Sem exagero, isso pode ser mortal para o seu negócio.**

De novo: seja criativo!

PRECIFICAÇÃO DO PRODUTO

Muitos empreendedores trabalham duro, vendem bem, mas, ainda assim, não conseguem alcançar o retorno financeiro do seu esforço. É como se o dinheiro que entra nunca fosse suficiente para cobrir as despesas — e geralmente é isso mesmo que está acontecendo. Ou então, percebem que os clientes gostam muito do produto ou serviço que oferecem, mas, na hora de comprar, preferem seu concorrente, mesmo quando a qualidade do trabalho dele é inferior.

Nos dois casos, o motivo pode ser o mesmo, e é muito simples: o preço.

Entenda que há uma diferença entre preço e valor: preço é aquilo que você cobra, enquanto valor é aquilo que o seu cliente está disposto a pagar. Por mais que você acredite que sua empresa pode cobrar R$ 1.000,00 por determinado trabalho de mecânica pela qualidade do resultado, é possível que seus clientes só estejam dispostos a pagar até, no máximo, R$ 600,00 pelo mesmo serviço — este é o valor que eles dão para aquele tipo de conserto.

Assim, para garantir o lucro de seu empreendimento, é preciso também saber formar o preço justo e adequado de seu produto ou serviço. Sem isso, não haverá vendas nem dinheiro em caixa para cobrir todas as contas e, consequentemente, para investir no crescimento do negócio. Era o caso de Marcela, de Belém do Pará. Incentivada pela família, ela decidiu comercializar os bolos de pote que, até então, fazia apenas para parentes e amigos. O que era um passatempo agradável virou trabalho exaustivo, mas... cadê o lucro?

> **Para garantir o lucro de seu empreendimento, é preciso também saber formar o preço justo e adequado de seu produto ou serviço.**

A primeira dica para acertar na precificação é conhecer o que compõe o preço do seu produto ou serviço para entendê-lo melhor. Os três elementos principais que formam o preço são:

1. Custos variáveis ou custos diretos.
2. Custos fixos ou indiretos.
3. Salário e mão de obra.
4. Margem de lucro desejada.

Para precificar os seus produtos de forma correta, você precisa conhecer e entender quais são os quatro elementos principais que vão compor o valor do seu produto.

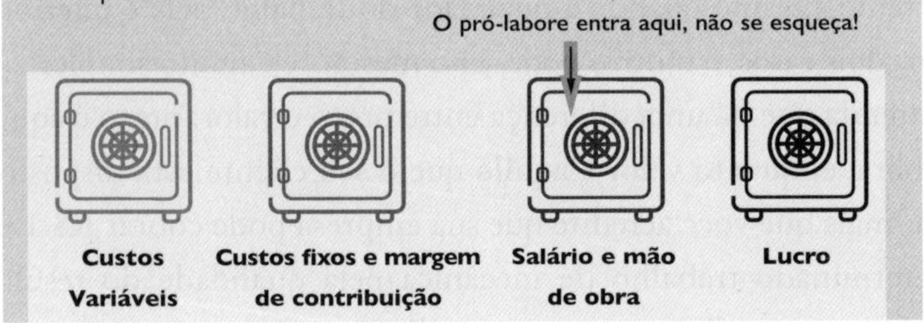

Vamos analisar cada um a seguir.

Custos variáveis (ou custos diretos)

São aqueles que variam diretamente em relação à quantidade das suas vendas. São também chamados de diretos porque incidem diretamente sobre a venda do seu produto ou serviço, impactando no seu valor.

Voltemos ao exemplo de Marcela: quanto mais ela vendia, mais precisava de matéria-prima para fazer bolos com diferentes recheios; mais vezes ela tinha de se deslocar até as lojas que fornecem o material que ela usava; mais embalagens eram consumidas; e assim por diante.

Isso fica ainda fácil de entender se você pensar em quem presta qualquer tipo de serviço em domicílio, como um bombeiro hidráulico, um eletricista, um pintor. Eles têm custos variáveis/diretos que incluem o material de trabalho, o deslocamento até a casa do cliente e, se o trabalho for complicado e demorar muito, o gasto com uma refeição na rua.

Marcela criava os produtos que vendia. Em seu cálculo deveriam entrar as embalagens — cumbucas descartáveis, vidros, caixas para acomodar e transportar vários bolos etc. —, os ingredientes da massa, os ingredientes dos recheios, enfim, tudo que ela usava, do início ao fim. No momento em que ela passou a não conseguir produzir tudo sozinha, passou a ter de incluir os salários das pessoas que a ajudavam na produção, considerando o valor das horas de trabalho para a criação do produto. E ainda tinha a comissão da vendedora.

A tabela a seguir pode ajudar Marcela e qualquer empreendedor. Se você não é do ramo de alimentação, apenas troque o nome dos itens.

FICHA TÉCNICA								
Produto:								
Receita:								
Rendimento:								
Tempo de preparo:								
MATÉIRA-PRIMA: INGREDIENTES, INSUMOS E EMBALAGENS								
Ingrediente	Marca	Quantidade comprada	Unidade de medida	Valor pago (R$)	Quantidade usada na receita	Unidade de medida	Rendimento por receita	Custo por porção (R$)

Uma dica: listar o modo de preparo em outra folha de papel ou planilha também é uma boa maneira de calcular o tempo que você gasta com a criação do seu produto. Anote todas as etapas do processo. Isso vai ajudar a formar um preço justo e a organizar o seu dia a dia para não ficar sem horas suficientes para descansar e se divertir, aproveitando o fruto do seu trabalho.

Por acaso, estamos mesmo falando de um item de alimentação, mas pense na receita de seu *bolo*, que pode ser qualquer produto: velas aromáticas e decorativas, perfumes e colônias, roupas... o que você quiser e souber fazer!

EXEMPLO DE BOLO DE POTE — SABOR PRESTÍGIO

Receita:	Bolo de pote – sabor prestígio						
Rendimento:	10 unidades						
Tempo de preparo:	150 minutos						
	Ingrediente	Marca	Quantidade comprada	Valor pago (R$)	Quantidade usada na receita	Rendimento por receita	Custo por porção (R$)
Massa	Açúcar	União	1 kg	R$ 3,00	180 g	5	R$ 0,60
	Farinha de trigo	Dona Benta	1 kg	R$ 3,50	210 g	4	R$ 0,90
	Fermento químico	Royal	100 g	R$ 2,50	12 g	8	R$ 0,30
	Leite integral	Italac	1 L	R$ 2,30	240 ml	4	R$ 0,60
	Manteiga	-	1 kg	R$ 10,00	40 g	25	R$ 0,40
	Ovos	-	12 unid.	R$ 6,00	3 unid.	4	R$ 1,50
	Chocolate em pó	-	500 g	R$ 9,00	30 g	16	R$ 0,60

÷ ÷

Receita:	Bolo de pote – sabor prestígio						
Rendimento:	10 unidades						
Tempo de preparo:	150 minutos						
	Ingrediente	Marca	Quantidade comprada	Valor pago (R$)	Quantidade usada na receita	Rendimento por receita	Custo por porção (R$)
Recheio	Leite condensado	-	780 g (2 latas)	R$ 8,00	650 g	1,2	R$ 6,70
	Creme de leite	-	400 g (2 caixas)	R$ 5,20	333 g	1,2	R$ 4,30
	Coco ralado	-	300 g (3 pcts)	R$ 6,90	300 g	1	R$ 6,90
Embalagem	Copos	-	50 unidades	R$ 6,00	10 unidades	5	R$ 1,20
	Tampas	-	50 unidades	R$ 6,00	10 unidades	5	R$ 1,20
	Etiqueta	-	200 unidades	R$ 40,00	10 unidades	20	R$ 2,00
	Colher	-	50 unidades	R$ 5,00	10 unidades	5	R$ 1,00

÷ ÷

Agora, faça as contas:

Receita:	Bolo de pote – sabor prestígio						
Rendimento:	10 unidades						
Tempo de preparo:	150 minutos						
	Ingrediente	Marca	Quantidade comprada	Valor pago (R$)	Quantidade usada na receita	Rendimento por receita	Custo por porção (R$)
Massa	Açúcar	União	1 kg	R$ 3,00	180 g	5	R$ 0,60
	Farinha de trigo	Dona Benta	1 kg	R$ 3,50	210 g	4	R$ 0,90
	Fermento químico	Royal	100g	R$ 2,50	12 g	8	R$ 0,30
	Leite integral	Italac	1 L	R$ 2,30	240 ml	4	R$ 0,60
	Manteiga	-	1 Kg	R$ 10,00	40 g	25	R$ 0,40
	Ovos	-	12 unid.	R$ 6,00	3 unid.	4	R$ 1,50
	Chocolate em pó	-	500 g	R$9,00	30 g	16	R$ 0,60
Recheio	Leite condensado	-	780 g (2 latas)	R$ 8,00	650 g	1,2	R$ 6,70
	Creme de leite	-	400 g (2 caixas)	R$ 5,20	333 g	1,2	R$ 4,30
	Coco ralado	-	300 g (3 pcts)	R$ 6,90	300 g	1	R$ 6,90
Embalagem	Copos	-	50 unidades	R$ 6,00	10 unidades	5	R$ 1,20
	Tampas	-	50 unidades	R$ 6,00	10 unidades	5	R$ 1,20
	Etiqueta	-	200 unidades	R$ 40,00	10 unidades	20	R$ 2,00
	Colher	-	50 unidades	R$ 5,00	10 unidades	5	R$ 1,00
	Custo variável de 10 bolos de pote =						R$ 28,20

Custo variável de um bolo de pote

$$\frac{\text{R\$ 28,20}}{\text{10 unidades}} = \text{R\$ 2,82}$$

Os custos fixos (ou custos indiretos)

Entram aí todas as despesas que não se alteram com o seu volume de vendas. Mas não se engane: custo *fixo* não significa que ele será sempre *igual*. Você pode alterar seus custos fixos — a diferença é que isso não ocorre devido ao aumento ou à queda das vendas ou da produção.

Do Carmo conversou com Marcela para que a doceira entendesse bem a diferença: "Mesmo num mês em que as vendas de bolo são mais baixas, você terá de pagar suas contas de aluguel, luz, gás, água. Qual será a margem de contribuição de cada bolo de pote para o pagamento dessas despesas? Se você usa equipamentos que precisam de manutenção periódica, inclua esse gasto aí também, além de inscrição em feiras de produtos artesanais, por exemplo, que podem ajudar a ampliar sua clientela."

Mais uma vez, pensando nos prestadores de serviço em domicílio, entram nos custos indiretos o veículo de transporte (combustível, manutenção), o salário do ajudante, o custo com uniformes, se estes forem necessários, e assim por diante.

Salários e mão de obra

Não se esqueça: o pró-labore entra aqui! Afinal, quem vai começar o negócio de bolo de pote ou de qualquer outro produto é você. O primeiro funcionário de sua empresa é o empreendedor, por isso você deve ser remunerado.

Não custa bater na mesma tecla mais uma vez porque isso é muito importante: lembre-se sempre do seu salário. Se você não calcular o pró-labore, aquele valor, mínimo que seja, que pretende retirar todo mês do seu negócio para uso pessoal, o seu cálculo de preço não ficará correto. A inclusão do seu salário também evita a mistura de dinheiro do negócio com dinheiro pessoal.

Veja o exemplo do bolo de pote:

Custo fixo e margem de contribuição

PASSO 1

CUSTO FIXO DO NEGÓCIO	CUSTO TOTAL MENSAL
Aluguel	R$ 700,00
Água	R$ 30,00
Luz	R$ 45,00
Funcionário	-
Telefone	R$ 50,00
Material de limpeza	R$ 15,00
Transporte	R$ 40,00
Gás	R$ 70,00
TOTAL	R$ 950,00

Custo fixo e margem de contribuição

PASSO 2

Estabelecer uma meta de vendas mensal

CUSTO FIXO TOTAL	÷ PREVISÃO DE VENDAS TOTAL (MÊS)	= MARGEM DE CONTRIBUIÇÃO
R$ 950,00	400 bolos de pote de prestígio	R$ 2,37

÷

Lembre-se da importância de estabelecer uma meta de vendas para o mês!

O valor do custo fixo e margem de contribuição será R$ 2,37

Pense em todos os elementos acima.

Agora, aplique-os também num empreendimento de prestação de serviço, como o do jardineiro Osório, de Garça Torta, na região metropolitana de Maceió. Ele estava pensando em cobrar uma diária de R$ 50,00 para executar serviços básicos de jardim, cobrando à parte as mudas, a grama, a terra e o adubo. Vamos calcular o preço justo pelo trabalho de forma que agrade ao cliente e garanta algum lucro a Osório. Siga as ilustrações a seguir.

Imaginemos que ele tenha os seguintes custos variáveis: R$ 10,00 por dia entre luvas descartáveis, gasolina do carro etc. Se ele recebe R$ 50,00 por serviço, ao tirar os R$ 10,00 de custo variável, sobram R$ 40,00 da diária por serviço para ele cobrir os custos fixos e ainda ter lucro.

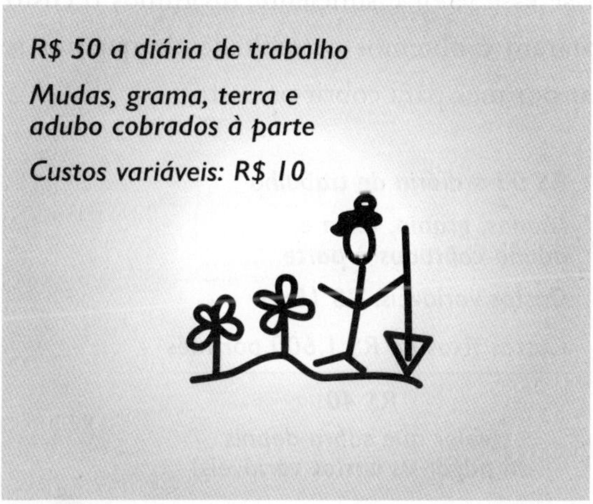

No entanto, se os **custos fixos** somam R$ 1.600,00 por mês (manutenção de equipamentos, compra de novas tesouras, uniformes, manutenção do carro, contador e pró-labore), o trabalho de Osório está rendendo?

R$ 50 a diária de trabalho

Mudas, grama, terra e adubo cobrados à parte

Custos variáveis: R$ 10

Custos fixos de R$ 1.600 por mês

R$ 40

(valor que sobra depois de pagar os custos variáveis)

Para saber se esse valor é suficiente, dividimos o custo fixo pelos R$ 40,00 que sobraram e obtemos o resultado de quantos serviços Osório precisa executar por mês para cobrir os custos.

R$ 50 a diária de trabalho

Mudas, grama, terra e adubo cobrados à parte

Custos variáveis: R$ 10

Custos fixos de R$ 1.600 por mês

R$ 40

(valor que sobra depois de pagar os custos variáveis)

=

40

serviços/mês

A divisão dá 40. Isso significa que, apenas para cobrir os custos, sem ter lucro ou prejuízo, Osório precisaria fazer cerca de quarenta serviços por mês. Será que isso é possível? Se o serviço dele dura o dia todo e cada mês tem, no máximo, 31 dias, como Osório vai alcançar essa meta? E como poderá lucrar com seu negócio de jardinagem?

Por isso, o empreendedor deve ver e rever seus cálculos para constatar se está cobrando um preço adequado por seu serviço ou produto e, caso o trabalho não esteja proporcionando lucro, identificar o problema. Se for essa a situação, então só há duas hipóteses: (1) o preço está muito baixo ou (2) o custo fixo está muito alto.

É sempre bom revisar os custos para ver se há oportunidades de economizar. Analise bem a compra de material. Veja se dá para gastar menos ou se há produtos mais baratos no mercado. Procure um fornecedor mais disposto a negociar preços. Estude bem as suas contas. Pense numa forma de gastar menos gasolina ou gás. Isso tudo, claro, sem perder a qualidade no atendimento.

> **O empreendedor deve ver e rever seus cálculos para constatar se está cobrando um preço adequado por seu serviço ou produto e, caso o trabalho não esteja proporcionando lucro, identificar o problema.**

A margem de lucro desejada

O lucro é o dinheiro que sobra no pagamento do seu produto/serviço, retirando os valores de custo fixo e custo variável. A ilustração abaixo serve para qualquer serviço ou produto na hora de calcular o seu salário.

Salário e mão de obra

Salário = R$ 1.000,00

Carga horária = 8 horas diárias

Horas		Dias da semana		1 Mês		Horas por mês
8 horas	x	5 dias da semana	x	4 semanas	=	160 horas por mês

Quanto vale a hora de trabalho?

$$\frac{\text{R\$ 1.000,00 (salário)}}{\text{60 horas por mês}} = \text{R\$ 6,25}$$

Lembrete: 1 hora tem 60 minutos

Quanto vale o minuto de trabalho?

$$\frac{\text{R\$ 6,25 por hora}}{\text{60 minutos}} = \text{R\$ 0,10}$$

Agora, com o salário definido em R$ 1.000,00, vamos voltar à Marcela e aos seus bolos de pote para fazer as contas:

Salário e mão de obra

Agora vamos descobrir quanto custa a mão de obra para produzir 10 bolos de pote:

Etapas da produção	Duração da etapa	Valor da mão de obra	Valor da mão de obra para a receita
1. Massa	50 minutos	R$ 0,10 por minuto	R$ 5,00
2. Recheio	60 minutos	R$ 0,10 por minuto	R$ 6,00
3. Embalagem	40 minutos	R$ 0,10 por minuto	R$ 4,00
TOTAL	150 minutos		R$ 15,00

A mão de obra para 1 bolo de pote de prestígio é: $\frac{\text{R\$ 15,00}}{\text{10 bolos}} = \text{R\$ 1,50}$

O valor a ser a acrescentado no preço de 1 bolo de pote de prestígio para o pagamento do salário mensal é: R$ 1,50.

O resultado disso, aplicado no bolo de pote de Marcela, é:

Somando 1 + 2 + 3:

O preço mínimo com que o bolo de pote deve ser vendido é **R$ 6,69**

Qualquer valor acima disso deve ser considerado ***Lucro****.*

Essa *fórmula* é válida para qualquer produto, basta mudar os ingredientes.

Nas primeiras contas do Osório, não havia margem de lucro. O que ele cobrava mal cobria os custos do negócio. Depois de conversar com Do Carmo, ele conseguiu reduzir alguns gastos e baixou para R$ 1.000,00 por mês seus custos fixos. Além disso, reajustou o preço da diária para R$ 60,00. Assim, cobrando R$ 60,00 e tirando R$ 10,00 de custo variável, sobraram R$ 50,00 para cobrir o custo fixo. E R$ 1.000,00 divididos por R$ 50,00 dão vinte serviços mensais como resultado.

$$\frac{\textit{Custos fixos de R\$ 1.000}}{50}$$

=

*mínimo de **20** serviços/mês*

para ficar no zero a zero

Isso significa que Osório precisará realizar, pelo menos, vinte serviços mensais para fechar seus custos. Mais razoável, não é? E se ele conseguir 25 serviços dentro do mês, esses cinco atendimentos a mais, tirando o custo variável, serão lucro: 5 x R$ 50,00 = R$ 250,00 de lucro.

Valor agregado

Mas será que os clientes vão topar pagar mais pelo serviço?

É aí que entra a questão do valor agregado.

O fundamental é não deixar cair a qualidade do seu produto ou serviço e pesquisar a concorrência. Se você simplesmente aumentar o preço do que vende, o cliente pode ficar insatisfeito, achar caro e não comprar mais o seu produto ou contratar o seu serviço. Como já vimos, o preço está diretamente ligado ao valor que o cliente dá para aquilo que você comercializa.

Portanto, capriche na execução do produto ou serviço, no atendimento e no cuidado com o seu cliente. Tudo isso é o que as grandes empresas chamam de valor agregado: se o cliente percebe que o seu empreendimento oferece aquele *algo mais* que o diferencia da concorrência, ele estará disposto a pagar um pouco mais também.

> **Para fazer a precificação correta não basta fazer as contas dos custos variáveis e fixos e determinar uma margem de lucro. Também é preciso conhecer o que o seu cliente mais valoriza no seu produto ou serviço.**

O que seu cliente valoriza?

Em resumo, para fazer a precificação corretamente não basta você saber fazer as contas dos custos variáveis e fixos do seu negócio e determinar uma margem de lucro. Também é preciso conhecer o que o seu cliente mais valoriza no seu produto ou serviço e, assim, definir um preço competitivo que irá trazer retorno para o seu negócio e levar satisfação para o seu cliente.

Quer ver como o baiano Antônio fez isso e se tornou um caso de sucesso? Ele soube cativar os clientes com verduras e legumes fresquinhos vendidos na rua, em cima de um caixote, e depois de alguns anos, conseguiu montar uma pequena e lucrativa mercearia. De vendedor informal ele passou a microempreendedor, cresceu, passou a contar com a mulher e um amigo como sócios e hoje já emprega dois funcionários. Vamos falar dele em seguida.

Para fazer o download de planilhas de precificação você pode acessar o site www.tamojunto.org.br e fazer a busca por "precificação". No fim do artigo, você consegue fazer o *download* de duas planilhas. As que você viu neste capítulo são o modelo por ficha técnica e o modelo de *markup* ou margem de contribuição, que facilitam a precificação para quem tem muitos produtos à venda e não consegue precificar um a um.

MARCA FORTE

Não é apenas o dinheiro em caixa que mede o sucesso do negócio: criar uma boa rede de conhecimentos e parcerias é outro ganho que você precisa acrescentar (ou agregar) ao seu produto ou serviço. Essa rede pode ajudar você a fazer o posicionamento de sua marca, divulgar o seu trabalho e muito mais. Não se esqueça, porém, que parceria é uma via de mão dupla. Isso significa que você também terá de contribuir de alguma forma para que ela funcione de verdade.

Quando se trata de posicionamento, estamos falando da maneira como seu produto ou serviço se coloca dentro do mercado e de como o seu negócio é visto pelas pessoas. É nesse momento que você deve responder a várias perguntas. Aqui estão algumas das mais importantes:

- Seu produto ou serviço serve para que perfil de pessoas? Ele tem mais apelo para homens, mulheres ou outros gêneros?
- Qual a faixa de idade do público que você deseja atingir: jovens, adultos ou ambos?
- Seu produto ou serviço é conhecido na sua região por ter o melhor preço ou a melhor qualidade?

- O público para o qual você quer vender sai de casa para comprar seu serviço ou produto ou prefere receber em casa?
- O produto ou serviço chama atenção pelo que ele representa?

Há muitas outras questões que podem ajudar você a posicionar seu empreendimento, sempre tendo em mente que a resposta a elas é o indicativo de seu posicionamento no mercado.

> **Posicionamento é a maneira como seu produto ou serviço se coloca dentro do mercado e como o seu negócio é visto pelas pessoas.**

Os quatro Pês

Nos cursos da Aliança Empreendedora, Do Carmo conheceu os quatro Pês do empreendedor. Eles são bastante conhecidos e estudados há décadas:

- **P**roduto ou **P**restação de serviço
- **P**reço
- **P**raça
- **P**romoção

O primeiro **P** é de **produto**, mas pode ser também o **serviço** que você entrega para o seu cliente. Trata-se de um bem material ou de uma atividade que supre as necessidades e os desejos do usuário ou consumidor. Seja qual for o caso, é importante criar um ambiente envolvente, um atendimento que faça a experiência ficar marcada na memória do cliente. Esse cliente percebe que não se trata de pagar somente pelo que ele compra em produtos ou serviços. Tem algo mais envolvido.

Vamos tomar como exemplo a compra de um automóvel. O cliente pode ser um vendedor que precisa de um carro econômico para viajar de uma cidade para outra; um fazendeiro que necessita de uma picape robusta para enfrentar estradas de terra batida com desenvoltura; ou uma executiva que ama velocidade e quer um veículo bom de arrancadas e muito torque. Só que a compra não se limita à negociação na loja; ela também inclui a garantia, o pós-venda, o acompanhamento do cliente nos primeiros dias com seu carro novo. Ou seja, não é só trocar um automóvel por dinheiro — é proporcionar uma experiência do cliente com o produto que adquiriu.

O segundo **P** é de **preço**, o valor monetário (em reais) associado a uma mercadoria ou a um serviço. O empreendedor precisa verificar se o seu preço está competitivo diante da concorrência e calcular se pode repassar descontos ao cliente. Para quem compra, o preço de um produto deve oferecer a melhor relação custo/benefício, ou seja, o valor que ele paga pelo produto ou serviço precisa corresponder ao proveito e à satisfação que ele espera ao adquirir o produto ou contratar o serviço.

Por isso é sempre importante fazer pesquisas, para saber quanto o seu público-alvo está disposto a pagar pelo que você pretende oferecer. De maneira geral, as pessoas comparam preços para definir sua escolha. Mas, dependendo da qualidade, da reputação ou até da maneira como o produto ou serviço lhe foi oferecido, entre outros fatores, o cliente pode até estar disposto a pagar mais. As marcas de luxo estão aí para provar.

O **P** de **praça** também é fundamental para o sucesso do seu negócio. O ponto de venda não precisa ser uma loja: é qualquer local ou sistema de distribuição usado pelo empreendedor para fazer o seu produto ou serviço chegar ao cliente final. Abrir uma barraca no meio do deserto para vender cortador de grama, por exemplo, é uma péssima opção de praça.

A escolha da praça envolve a análise de diversos fatores que irão influenciar as vendas: canais de distribuição, logística para a distribuição (transporte, estoque, prazo de entrega etc.) e ações de marketing. Os canais de distribuição podem ser diretos — quando você entrega o produto ou serviço diretamente ao cliente, pela internet ou pessoalmente —

ou indiretos — quando você usa intermediários para vender seus produtos, como um mercado ou um representante comercial, por exemplo.

Finalmente, temos o quarto **P**, de promoção. Ele se refere a todo tipo de ação que tem como objetivo promover a compra do seu produto ou serviço. O boca a boca é importante, claro; clientes satisfeitos indicarem você para os amigos é sempre um bom sinal. Mas você pode atrair mais gente se fizer um desconto extra, se der algum brinde, se souber anunciar o seu empreendimento no meio de comunicação predileto do seu público-alvo. Ele ouve rádio? Ele navega na internet? Qual é a rede social favorita do cliente que você espera conquistar? Promova seu produto ou serviço! As pessoas precisam saber o que você tem para oferecer a elas.

Fidelização

Do Carmo gosta de citar o verdureiro Antônio quando a questão é encontrar formas de conquistar o cliente. Sua carreira de comerciante começou de forma bem modesta: num momento de aperto financeiro, ele decidiu vender o que plantava e colhia no terreno dos fundos de sua casa para consumo da família. Escolheu um bairro mais central e movimentado para montar a sua banquinha — um caixote — com lotes de quiabo, maxixe e jiló.

A aparência dos legumes atraiu clientes, a começar pelos quiabos tenros, tirados do pé ainda pequenos e macios, ao contrário dos grandes e duros vendidos nos supermercados, dos quais muitas vezes não se aproveitava metade. A negociação do preço era feita na hora. Outras pessoas que passavam ficavam curiosas com o movimento e iam se aproximando também. Com isso, Antônio começou a comprar saquinhos para oferecer as porções já embaladas.

Veio a época do feijão-verde e a curiosidade aumentou. Antônio debulhava as vagens ali mesmo, sentado num banquinho, e fazia preços diferenciados: quem quisesse debulhar o feijão em casa pagava menos; quem não quisesse ter trabalho, levava os grãos catados, fora da fava, pagando um pouco mais.

O tempo foi passando e Antônio ficou animado com o interesse dos clientes, que rapidamente acabavam com seu estoque diário e já pediam verduras, legumes e frutas que ele não produzia. Com o incentivo da mulher, ele comprou uma caminhonete usada e passou a sair bem cedo para o mercadão, onde comprava os produtos com o melhor aspecto e o melhor preço, claro, por estarem na estação.

> **Fidelização é manter os clientes fiéis ao seu negócio e ao que você vende, dispensando os concorrentes.**

A banca ganhou mais caixotes e foi sendo ampliada junto com a variedade de ofertas, sempre com a garantia de qualidade. Antônio só levava do mercadão frutas, legumes e verduras tão bons quanto os que produzia em pequena escala. Além disso, era honesto com os clientes: se, devido à hora, a verdura já estivesse meio murcha, por exemplo, fazia questão de avisar e até de abaixar o preço se a pessoa insistisse em levar assim mesmo. Com essa prática, não só atraía mais gente, como fazia o que as grandes empresas chamam de "fidelização", isto é, manter os clientes fiéis ao seu negócio e ao que você vende, dispensando os concorrentes.

Loja física

A decisão de entrar para o mercado formal e abrir uma mercearia surgiu naturalmente, e foi apoiada pela família e pelos clientes com quem Antônio mais conversava. A praça, é claro, teria de ser aquela em que ele já era conhecido. Depois de muita procura, ele encontrou o espaço ideal: uma loja onde já havia funcionado uma distribuidora de bebidas a dois quarteirões de seu tradicional ponto de venda estava disponível para ser alugada para atividade comercial.

Enquanto preparava o lugar, Antônio fez cartões para distribuir aos clientes e espalhar pelas redondezas, anunciando o novo mercadinho da área, uma "mercearia e casa de frutas" com o seu sobrenome. Quem já comprava com ele passou a ter o conforto de poder pedir os produtos por telefone e recebê-los em casa com a mesma qualidade e a mesma honestidade da banca, e sem taxa extra de entrega. O esforço deu certo, e novos clientes foram aparecendo.

A mulher de Antônio passou a trabalhar com ele. As entregas eram feitas por um amigo do casal. O uniforme da equipe foi decidido de forma bem simples: uma camiseta polo verde com o nome e o telefone da loja.

O sucesso do negócio cresceu ainda mais quando um hotel bem próximo à mercearia foi transformado em um hospital. Para atender os acompanhantes dos pacientes, Antônio fez novas mudanças na estrutura do negócio, comprando duas geladeiras e abrindo ainda mais o leque de produtos da loja. Propôs sociedade à mulher e ao amigo e eles contrataram uma pessoa para ajudar no atendimento e nas entregas. Durante a pandemia, foi preciso contratar mais um porque os pedidos aumentaram consideravelmente.

Antônio continuou a fazer as compras no mercadão. Acordava bem cedinho para poder escolher o que havia de melhor. Deixava tudo na loja e ia para casa descansar enquanto o sócio e os funcionários cuidavam do atendimento no horário comercial. Ao fim do período, terminavam também as entregas. Só então Antônio e a mulher assumiam o controle, entrando pela madrugada para atender quem estava acompanhando um paciente internado e precisava de um biscoito, um bolinho, um chocolate, um suco, um refrigerante, enfim, alguma coisa para comer e uma conversa para aplacar a fome e a ansiedade.

Muitos clientes habituais, moradores da vizinhança, também gostaram da comodidade de poder fazer uma comprinha depois de uma noitada com amigos. As escalas de trabalho foram adaptadas ao novo esquema para garantir o descanso de todos. Por isso, como os clientes já sabem, a loja abre aos domingos e feriados, mas não há serviço de entrega nesses dias.

Os preços da mercearia podem ser um pouco mais altos que os dos supermercados, mas Antônio e seus sócios continuam a fazer sucesso por oferecer um tratamento personalizado, pela qualidade dos produtos, repostos diariamente, e pela honestidade na hora de vender: se o cliente telefona e pede um mamão papaia, por exemplo, fica logo sabendo se está verde ou maduro, ou mesmo se está pequeno demais. Ninguém tem surpresa desagradável ao receber a encomenda.

Em resumo...

Mesmo sem entender muito do mundo dos negócios e sem as fontes de conhecimento e divulgação hoje disponíveis para quem tem interesse, Antônio encontrou o caminho certo para o seu empreendimento aplicando os quatro Pês. Ele começou oferecendo um bom **produto**: legumes orgânicos cultivados com cuidado para o consumo da família, depois substituídos pelo melhor que o mercadão local poderia oferecer, tudo sempre fresquinho, para ampliar a variedade, incluindo verduras e frutas.

Com a abertura da loja, Antônio passou a fazer também uma **prestação de serviço**: a entrega em domicílio é mais um valor agregado e percebido pelo cliente, que ganhou em comodidade sem perder o padrão de qualidade e honestidade dos tempos em que o negócio era uma banca improvisada na rua.

> **Mesmo sem entender muito do mundo dos negócios e sem as fontes de conhecimento e divulgação hoje disponíveis para quem tem interesse, Antônio encontrou o caminho certo para o seu empreendimento aplicando os quatro Pês.**

A entrada no mercado formal teve mais um efeito benéfico: ampliaram-se ainda mais as formas de pagamento ofertadas ao cliente e a variedade de itens. Hoje é possível comprar de refrigerantes a produtos de limpeza no local, mas a qualidade dos hortifrutigranjeiros ainda é o foco principal da mercearia.

Forma de pagamento lembra **preço**, outra coisa em que Antônio acertou. O valor agregado, citado acima, é o que conta no seu negócio. Ele sabe que precisa cobrar um pouco mais do que os supermercados, é claro, porque compra tudo o que vende em quantidades muito menores e repõe seu estoque de gêneros perecíveis diariamente. Os clientes, porém, acham vantajosa a relação custo/benefício da mercearia: quando fazem um pedido por telefone, têm certeza de que podem confiar, sabem que não estão comprando gato por lebre.

Honestidade, simpatia no atendimento, tratamento personalizado, conhecimento do gosto de cada um, entrega sem custo extra... são muitos os fatores que contribuem para um cliente escolher você e o seu negócio, mesmo pagando um pouco mais. Tudo isso é o valor do que você oferece agregado ao preço do produto.

Outro acerto de Antônio foi a **praça**, o **ponto de venda** que ele escolheu. Em apuros, precisava encontrar rapidamente uma forma de ganhar algum dinheiro. O que ele produzia no terreno de casa não interessaria aos vizinhos, que tinham produção similar. Então Antônio pensou num bairro bem movimentado e, dentro dele, numa área em que passasse muita gente na ida e na volta do trabalho, com a vantagem de ter transporte fácil também para ele carregar seus legumes.

Ao perceber que havia público interessado em comprar mais produtos com ele, Antônio investiu numa caminhonete usada e passou a comprar verduras e frutas no Ceasa. Quando abriu sua mercearia, deslocou-se apenas dois quarteirões, ou seja, manteve a clientela fiel e antiga e conquistou mais gente com os novos serviços e produtos.

O quesito **promoção**, no caso de Antônio, está diretamente associado à data de validade da maioria dos produtos que ele comercializa. Se a verdura de domingo é sobra do sábado e não está muito bonita, ele informa o cliente e faz um preço mais em conta. O mesmo princípio vale para a banana muito madura, o mamão meio amassado, a couve-flor já um pouco amarronzada, os brócolis começando a amarelar. E, claro, para produtos industrializados, como o pão de forma, o biscoito e assim por diante.

O tipo de negócio de Antônio não permite uma grande "queima de estoque" porque, mesmo que houvesse espaço para isso, o seu produto principal não pode ser estocado, pois é perecível. O que ele faz, então, é oferecer cestas especiais e econômicas no fim da tarde de sábado porque sabe que o movimento é menor aos domingos, quando não há entrega, e há produtos que precisam ser logo consumidos, antes de o seu sócio repor o estoque (nas manhãs de segunda-feira) com o que chegou fresquinho do mercadão local.

Além disso, a maior promoção de que ele dispõe é a propaganda boca a boca de clientes satisfeitos. Ele prefere investir em manter seus clientes do que gastar muito com publicidade para atrair novos. Sai bem mais barato fidelizar. Calcula-se que conseguir um cliente novo custa quatro vezes mais do que manter um cliente conquistado. Saber lidar com a perecibilidade do que vende e com o seu público-alvo é a marca do negócio de Antônio.

E você? Já pensou nos seus quatro Pês? É hora de colocar em prática e agir estrategicamente para conquistar o seu público-alvo.

> **Em alguns casos, é melhor investir na manutenção dos clientes existentes do que gastar muito com propaganda para atrair novos. Sai bem mais barato fidelizar. Calcula-se que conseguir um cliente novo custa quatro vezes mais do que manter um cliente conquistado.**

MARKETING DIGITAL

O caso de Beatriz é bem diferente do de Antônio, que se estabeleceu num ponto e foi aumentando a clientela gradativa e naturalmente com a ajuda, também, de mudanças em estabelecimentos vizinhos, como o hotel transformado em hospital. Ela montou um negócio de sanduíches em Porto Alegre, faz entregas e percebeu que os clientes se encarregavam da propaganda boca a boca, mas não via retorno nos muitos folhetos que imprimiu e distribuiu em prédios comerciais e residenciais.

Suzana, de Araucária, na região metropolitana de Curitiba, também estava encontrando dificuldade para ampliar a base de clientes da sua confecção de roupas, especializada em tamanhos grandes. Ela pensou em alternativas muito parecidas com as de Beatriz, acreditando que folhetos seriam a melhor maneira de fazer propaganda de seus produtos, mas o retorno não veio como ela esperava.

> **Pesquisas indicam que as pessoas passam cerca de nove horas por dia conectadas na internet ou usando o computador e o celular de alguma maneira. Mais de 80% delas já compraram on-line. Investir em marketing digital é importantíssimo, e nem sempre significa gastar dinheiro.**

Por isso, ao procurarem a orientação com Do Carmo, receberam este conselho: "Para criar uma marca bem-posicionada é preciso conhecer o seu público-alvo. Quem compra o que você vende? Que solução o seu produto oferece para essa pessoa? Se a maioria dos seus clientes consome um lanche rápido no escritório, certamente ela é formada por pessoas sem tempo para dar atenção aos folhetos que recebem quando chegam para trabalhar. E se há clientes que pedem o lanche em casa, no início da noite, provavelmente chegam do trabalho cansados. É pouco provável que leiam o que encontram misturado à correspondência importante, como as contas a pagar."

Do Carmo estava certa. Pesquisas recentes indicam que as pessoas passam atualmente cerca de nove horas por dia conectadas na internet ou usando o computador e o celular de alguma maneira. Além disso, mais de 80% das que possuem acesso à internet no Brasil já fizeram algum tipo de compra on-line. Por isso, investir no que as grandes empresas chamam de marketing digital é importantíssimo. E nem sempre "investir" significa gastar dinheiro.

O melhor meio

Isso quer dizer que usar as redes sociais é a melhor maneira de aumentar a clientela? Depende. A alternativa pode dar excelentes resultados, desde que você escolha a opção que combina com o perfil do seu consumidor potencial. De acordo com o Google, as redes mais usadas no Brasil são:

- WhatsApp (165 milhões de usuários)
- YouTube (138 milhões de usuários)
- Instagram (122 milhões de usuários)
- Facebook (116 milhões de usuários)
- TikTok (73,5 milhões de usuários)
- Messenger (65,5 milhões de usuários)

- LinkedIn (56 milhões de usuários)
- Pinterest (30 milhões de usuários)

A média de tempo que o brasileiro dedica a essas mídias sociais é de quase quatro horas por dia! É preciso identificar em quais delas os seus clientes (e futuros clientes) estão — mais ainda se você presta algum tipo de serviço ou produz alguma coisa que interessa ao público jovem, que passa mais tempo ainda nas mídias sociais.

Mas como saber onde estão essas pessoas a quem você quer vender? Aí é hora de pesquisar, perguntar, consultar uma amiga ou um parente que costuma usar essas mídias sociais ou que trabalhe com isso. Crie um perfil em cada uma delas e preste atenção no que as pessoas estão falando, no tipo de conteúdo que estão postando, nas tendências, nas modinhas, nas discussões. Se você preencheu o *canvas* no primeiro livro da trilogia Empreender sem Complicação, *Como começar um negócio*, dedicado à apresentação da Teoria do Fazer, provavelmente testou o seu Mínimo Produto Viável. Se fez isso, está no caminho certo.

O Instagram, por exemplo, não para de crescer, e muitos negócios têm crescido por lá também. Ele se tornou um ótimo lugar para expor produtos e marcas como em uma vitrine virtual. O público mais relevante nessa plataforma está na faixa dos 18 aos 24 anos, mas os usuários de idade entre 55 e 75 têm procurado cada vez mais a rede.

O WhatsApp está instalado em 99% dos celulares dos brasileiros. É uma excelente aposta para quem quer estar mais perto do público, trocando mensagens, mostrando novos produtos e fazendo promoções. A versão *business* (ou "negócios") do aplicativo permite que você apresente seus produtos no formato de cardápio — não precisam ser sanduíches, roupas também podem ser exibidas assim! — e envie mensagens automáticas com horário de atendimento e outras informações.

Já o YouTube é um ótimo lugar para mostrar mais de perto o seu produto e a sua marca. Por que o sanduíche da Beatriz é o melhor da praça?

O que as roupas da Suzana têm de especial para agradar? O canal de outra pessoa exibe a sua marca como parceira nos negócios?

E há o TikTok, mais recente e apreciado por gente bem jovem, com idade entre 16 e 24 anos. Já pensou em produzir alguma coisa voltada para esse público?

A maioria das redes foi criada para conectar pessoas, mas se adaptou para servir também ao mundo dos negócios. E a primeira regra do empreendedor no marketing digital é a mesma que ele deve aplicar ao seu dinheiro: separe o que é pessoal do que é profissional. Se você já está no Facebook, posta memes ou fotos de família no seu perfil e conversa com os amigos abertamente ou em particular na rede, via Messenger, crie uma página separada para o seu negócio. Evite *misturar as estações*.

Preste atenção também às mudanças de algumas plataformas, que agora cobram pelo serviço que antes era oferecido de graça.

> **A primeira regra do empreendedor no marketing digital é a mesma que ele deve aplicar ao seu dinheiro: separe o que é pessoal do que é profissional.**

O Facebook criou a Meta Business Suite justamente para isso, mas pode ser vantajoso para o seu negócio programar postagens específicas com promoções para datas significativas, como o Dia das Mães ou o Dia dos Pais — ou então para a Black Friday, data que o comércio varejista brasileiro importou dos Estados Unidos, na qual as lojas físicas e virtuais costumam promover grandes descontos entre a comemoração local de Ação de Graças e o Natal.

Instagram e WhatsApp Business também contam com esse e outros recursos. O WhatsApp, o Instagram e o próprio Google com seu Workspace (cuja tradução é "espaço de trabalho") têm ferramentas próprias para quem quer promover seu negócio, com facilitadores para a criação dos textos (ou "conteúdos"), como a sugestão de palavras-chave para o marketing do seu produto ou serviço e corretores ortográficos.

Antes de escolher algum serviço pago, porém, o microempreendedor deve fazer pesquisas com os clientes que já conhece para saber o que eles realmente leem e por quais ambientes virtuais navegam quando entram na internet. Vale a pena testar recursos gratuitos para ver com quais se sente mais seguro e à vontade e que retorno cada um deles pode proporcionar para o seu negócio.

Organização

Pense no seu negócio e programe um calendário de postagens. Quantas por semana você consegue fazer? Não há um número certo para isso — o seu tempo de dedicação a essa tarefa e o retorno do público é que vão ditar o ritmo aos poucos. É importante também tomar cuidado para não inverter as prioridades: não adianta criar lindos textos promocionais e descuidar da qualidade do seu produto, dedicando-se menos a ele.

Não se acanhe na hora de pensar em estratégias criativas. Se o seu negócio é produzir e vender roupas, como Suzana, pense em promoções a cada mudança de estação ou para as datas festivas que exigem trajes e/ou presentes especiais. No caso da Beatriz, as opções de sanduíches também podem ser influenciadas pelo clima quente ou frio. No período de Natal e Réveillon, os ingredientes podem incorporar sabores típicos das ceias, como o tender e o pernil. O mesmo raciocínio vale para o período das festas juninas, por exemplo. Lembre-se do conselho que leu várias páginas atrás: criatividade é fundamental para o empreendedor.

Lembre-se ainda que, nas mídias sociais, a conversa com seus clientes atuais e futuros não é presencial, olho no olho. Tudo é indireto, embora você possa usar vídeos e textos para passar a mesma mensagem e a mesma linguagem que usaria se estivesse conversando pessoalmente. Mas é necessário caprichar na comunicação para se destacar da concorrência. Use as ferramentas disponíveis e o conhecimento que você tem de seu público-alvo para criar uma linha editorial de textos que valorizem o seu cliente e a solução que o seu negócio oferece a ele. Enfatize seu diferencial.

> **Não se acanhe na hora de pensar em estratégias inovadoras. Lembre-se do conselho que leu várias páginas atrás: criatividade é fundamental para o empreendedor.**

Nos textos de promoção do seu negócio, a sua marca deve passar segurança para os clientes. Eles devem se identificar com ela desde o primeiro contato, na rede social, no folheto ou quando conhecerem você pessoalmente, e entender exatamente o que você está oferecendo. O produto ou serviço deve ser exposto de forma simples e clara. Isso não se consegue apenas com um desenho ou uma explicação formal.

Há ferramentas na internet que podem ajudar você a não apenas criar um logotipo com as cores e o ícone adequados, mas também a escrever os textos de divulgação, explicando de forma simples tudo que deseja comunicar ao cliente. No caso da Beatriz, pode ser um lanche rápido, gostoso e nutritivo, daqueles que substituem um almoço ou jantar e fazem o cliente poupar tempo, relaxar e aproveitar melhor o seu momento de folga.

E como o produto é reconhecido? Pela relação custo/benefício: preço competitivo na região e o melhor sabor, ambos aliados ao maior número de ingredientes saudáveis nos sanduíches, variedade de opções de molho etc. Tudo isso deve vir à mente do cliente assim que ele reconhece o logotipo ou uma postagem dos lanches da Beatriz na internet.

No caso da Suzana, considerando a estratégia de produzir roupas para pessoas comuns, sem o corpo esguio das modelos profissionais, os textos devem trazer mensagem de autoconfiança, beleza e conforto para quem foge aos padrões estéticos que valorizam a magreza. Muita gente ganhou peso na pandemia e deve se sentir à vontade com isso, sem tentar se espremer em modelos inadequados para sua silhueta.

Outra coisa da qual você não pode se esquecer: é fundamental que a sua marca seja associada a confiança e qualidade! Se alguém desconfiar de que seu serviço ou produto não é tão bom ou melhor que o dos concorrentes, será difícil convencer essa pessoa a comprar o que você tem para vender, mesmo que o preço seja muito atraente.

Há muitas ferramentas digitais que facilitam a criação do seu logotipo e de outras artes que você pode usar em seus anúncios na internet. O aplicativo Canva.com é um dos mais usados atualmente, e tem a opção de assinatura gratuita, ideal para empreendedores que estão começando com conhecimentos de internet e recursos financeiros limitados.

> **É fundamental que sua marca seja associada a confiança e qualidade. Se alguém desconfiar de que seu serviço ou produto não é tão bom ou melhor que o dos concorrentes, será difícil convencer a comprar o que você tem para vender.**

Rede de contatos

A rede de contatos que você naturalmente vai criando e ampliando com o seu negócio também é muito importante para o fortalecimento de sua marca. Pode haver uma boa troca entre parceiros — por exemplo, o fornecedor de mostarda e ketchup pode reduzir o preço dos molhos se a Beatriz associar os produtos dele aos sanduíches. É uma divulgação que pode ser positiva para ambos.

Entre os novos e antigos amigos ou na própria família, Suzana pode descobrir alguém com talento e disposição para desenhar a sua marca. E se ela entregar uma encomenda de roupas num escritório de *design* e uma artista gráfica encomendar um vestido em troca da criação de um logotipo para a sua confecção? Não custa tentar. Preste atenção às oportunidades; elas podem surgir quando e de onde você menos espera.

Conheceu alguém que escreve bem? Peça ajuda para criar o conteúdo das suas promoções. Ofereça uma permuta, que é a troca de produtos ou serviços. É assim que você vai se posicionando no mercado, sempre associando o seu produto ou serviço a uma ideia positiva, sempre conhecendo mais a fundo e ampliando o seu público-alvo e sempre com um olho nos concorrentes para não perder seus clientes pra eles. Ao fim deste livro, na área de textos anexos chamada “Tamojunto”, você vai encontrar um artigo com dicas sobre dez aplicativos para criar conteúdo para as redes sociais. Vale a pena dar uma olhada.

INOVAR SEMPRE

Ficar de olho na concorrência pode ser útil também para você se manter sempre em dia com as necessidades dos clientes, com as novidades do mercado e, claro, inovar.

Não se trata de copiar a ideia do concorrente, mas de se inspirar, ser criativo e perceber que **inovação** não é sinônimo de equipamento novo ou de grandes investimentos. Não é preciso ser nada mirabolante.

Para o empreendedor, inovar significa, acima de tudo, satisfazer os seus clientes, conquistar outros e melhorar a qualidade dos seus produtos ou serviços — e nada disso precisa gerar gastos que comprometam o seu orçamento, porque tudo pode ser feito na organização do seu negócio, no processo de produção, no produto em si, na venda, na divulgação ou na forma de entrega. As opções são muitas.

Comece pesquisando

Se você leu o primeiro livro da trilogia Empreender sem Complicação e aprendeu a usar o *canvas* de modelo de negócio, já sabe que é preciso estar sempre atento às mudanças ao seu redor. Também viu que a sua *tela* não é estática, pelo contrário, pode (e provavelmente vai) mudar várias vezes.

Talvez também se lembre da costureira Zezé, cujas clientes começaram a pedir roupas mais confortáveis na pandemia porque passaram a trabalhar de casa, usando a internet. Você também pode descobrir o que os seus clientes desejam perguntando a eles pessoalmente, por lista de WhatsApp, no Facebook, no Instagram, enfim, usando todas as ferramentas citadas no capítulo de Marketing Digital e outras mais. Faça uma pesquisa, veja do que as pessoas precisam naquele momento e descubra o que você pode fazer para inovar.

> **Inovar significa, acima de tudo, satisfazer os seus clientes, conquistar outros e melhorar a qualidade dos seus produtos ou serviços — e nada disso precisa gerar gastos que comprometam o seu orçamento, porque tudo pode ser feito na organização do seu negócio, no processo de produção, no produto em si, na venda, na divulgação ou na forma de entrega. As opções são muitas.**

Ana Júlia, de São Carlos, em São Paulo, começou a vender sorvetes caseiros no condomínio de casas e apartamentos populares onde mora. Achava que estava faturando menos do que poderia e procurou Do Carmo, a especialista em administração, com a pergunta: "Como posso melhorar meu negócio se eu ainda não tenho uma condição financeira ideal para investir?"

A resposta a surpreendeu: "A inovação não precisa envolver muito dinheiro. Consulte os seus clientes para saber se eles gostariam de ter novos sabores para escolher, por exemplo. Oferecer mais variedade no seu cardápio é uma inovação, e você pode selecionar esses novos sabores entre as frutas da estação, sempre mais em conta. Use a sua rede de contatos. Eles podem ajudar a divulgar o seu produto e dar sugestões. Você faz entrega fora do seu condomínio? Se ainda não faz, talvez por não ter um veículo, que tal investir numa bicicleta e ampliar o seu atendimento, chegando a mais pessoas? Ou conversar com algum vizinho que pode se tornar parceiro, prestando esse serviço em troca de uma comissão? É mais uma inovação que não vai pesar muito no seu bolso."

Não está errado pensar no essencial, que é pagar as contas em dia, se organizar e ter lucro. Mas, às vezes, um detalhe pode ser a inovação de que o seu produto ou serviço precisa. Vera Lúcia, de São Joaquim — a cidade catarinense que costuma aparecer no noticiário nacional no inverno, quando tem neve —, apostou no conforto dos clientes. Com a experiência de quem já cuidava dos bichos de alguns vizinhos em seu apartamento, criou um serviço em domicílio de tosa, banho e outros cuidados para animais de estimação, com agendamento por telefone ou pelo WhatsApp. Observando o comportamento dos clientes, ela percebeu que o número de atendimentos que fazia aumentava justamente quando a temperatura caía porque mais gente não se animava a sair no frio com seus *pets*. A clientela mais idosa, em especial, tinha crescimento constante.

A ideia de Vera Lúcia foi bem simples, mas muito lucrativa: pela internet, ela começou a pesquisar casas de repouso que aceitavam residentes com animais domésticos, fez contato com várias e pesquisou o que elas buscavam: serviços mais baratos, pacotes atrativos, como menor preço de acordo com o número de clientes a ser atendido a cada visita etc.

Depois de analisar tudo e ainda acrescentar mimos em forma de brinde, como um lacinho ou outro enfeite para os bichinhos, arrematando o tratamento, Vera Lúcia viu seu negócio crescer e já está treinando uma ajudante para dividir com ela algumas tarefas e agilizar seus compromissos e, assim, ser capaz de atender mais pessoas. Isso sem deixar seus clientes fiéis para trás, é claro.

Olhar estratégico

Mesmo quem está apenas começando e ainda tem como foco principal garantir o pagamento de todas as contas para fechar o mês no azul pode começar a olhar em volta, ver o que a concorrência está oferecendo e pensar em estratégias para melhorar o seu serviço ou produto. Não ignore as ideias que lhe passam pela cabeça; anote tudo. Daí pode surgir alguma coisa boa que vai garantir a sobrevivência do seu negócio num mercado competitivo.

Faça uma análise estratégica mais profunda de quais são as melhores práticas que os negócios do mesmo setor que o seu estão usando. O que é inovador nesse ou naquele concorrente? Quais são os seus pontos fortes e fracos? Você consegue vislumbrar em algum deles uma oportunidade para o seu negócio, se fizer algo parecido? Qual é a maior fraqueza do seu negócio para aplicar algo assim? Converse com os seus clientes, eles são as melhores pessoas para dizer no que você pode melhorar. Pergunte sua opinião e escute atentamente.

Graziela, de Nova Lima, Minas Gerais, criava perfumes caseiros e, ao fazer uma rápida pesquisa quando entregava os produtos pessoalmente aos clientes (a maioria concentrada em Belo Horizonte), percebeu que havia uma demanda por colônias mais suaves e refrescantes para o dia a dia, especialmente no verão. Desenvolveu, então, uma linha com aromas cítricos e de ervas como capim-limão. Foi aí que teve outra surpresa: as filhas das clientes gostaram da novidade e começaram a fazer encomendas também, dobrando a sua produção e o seu faturamento.

Com isso, Graziela viu que era hora de contratar uma ajudante, sem se apertar para pagar mais um salário além do próprio, o pró-labore.

> **Não está errado pensar no essencial, que é pagar as contas em dia, se organizar e ter lucro. Mas, às vezes, um detalhe pode ser a inovação de que o seu produto ou serviço precisa.**

A inovação deve estar sempre presente no seu planejamento. É assim que você vai se destacar, seja por que motivo for: ser o mais caprichoso e atencioso em determinado segmento; ter uma divulgação mais eficiente; oferecer mais variedade; ser o mais rápido sem descuidar da qualidade; ter mais opções de contato na hora de o cliente fazer a encomenda; oferecer mais opções de entrega; e o que mais você puder imaginar.

Lembre-se do que você leu aqui sobre fazer parcerias. O fornecedor de sua matéria-prima pode fazer um bom desconto se você divulgar seu nome no produto que vende.

Olhe para a necessidade — ou seja, o problema ou a *dor* — que seus clientes apresentam e que você procura resolver, como também para a rede de contatos que você tem, e então imagine a solução inovadora que você pode criar.

A visão de futuro e o planejamento acompanham o seu produto ou serviço o tempo todo, na medida em que você vai aprimorando cada vez mais o que faz. Por isso, esteja sempre atento às mudanças à sua volta, pois as necessidades dos seus clientes não são sempre as mesmas, e você pode estruturar uma solução para cada nova demanda que surgir. O que o seu cliente quer pode mudar por mil motivos: uma pandemia, a idade, as tendências da moda, a estação climática, o trabalho presencial que se torna virtual ou vice-versa...

Execute suas ideias, ponha em prática o que você imaginou e acompanhe os resultados para saber se está indo pelo caminho certo, se está oferecendo aquilo de que as pessoas precisam naquele momento.

Já parou para pensar na imagem que os seus clientes têm de você? Quando pensam em você ou nos seus produtos e serviços, qual é a associação que eles fazem? Simpatia, eficiência, bom preço, capricho ou a junção disso tudo, resultando numa ótima relação custo/benefício?

Por que eles recomendam você para os parentes e amigos? Qual é o diferencial que torna o seu produto ou serviço atraente e faz com que ele se destaque entre tantos outros disponíveis no mercado?

> **Já parou para pensar na imagem que os seus clientes têm de você? Simpatia, eficiência, bom preço, capricho ou a junção disso tudo, resultando numa ótima relação custo/benefício?**

Revisite cada capítulo deste livro quando se sentir inseguro para tomar uma decisão ou pensar em fazer alguma dívida. Lembre-se da regra de ouro do empreendedor: nem sempre é o grande investimento que atrai o cliente e o faz perceber seu produto ou serviço como o ideal.

Tempere o seu negócio com fartas doses de simpatia, atenção e criatividade e, boa sorte.

E, claro, não se esqueça de aproveitar o sucesso, cuidando da sua saúde e do seu lazer.

Invista no seu negócio e na pessoa mais importante que ele tem: você.

TAMOJUNTO: DICAS QUE VÃO AJUDAR VOCÊ A EMPREENDER COM SEGURANÇA

DEZ APLICATIVOS QUE AJUDAM NA PRODUÇÃO DE CONTEÚDO DO SEU NEGÓCIO

Estar presente com seu negócio no ambiente digital é muito importante. Neste artigo, oferecemos mais uma ajuda com uma lista de dez aplicativos que auxiliam na produção de conteúdo para redes sociais do seu empreendimento. Confira:

Canva (artes)

Um dos aplicativos mais práticos para produção de artes para todas as redes sociais e com todos os formatos disponíveis. Mesmo com alguns recursos disponíveis somente na versão paga, o Canva possibilita fazer criações incríveis com a versão gratuita. Essa ferramenta está disponível em versão *web* e como aplicativo para celular, permitindo compartilhar suas artes com outras pessoas do seu time para juntos fazerem ajustes ou acrescentar alguma coisa. Disponível também no Google Play e Apple Store.

Inshot (fotos e vídeos)

O Inshot é um dos aplicativos que ajudam na produção de conteúdo para redes sociais quando o assunto é a criação de fotos e vídeos para

YouTube, TikTok, Instagram e WhatsApp. Com o aplicativo, você consegue adicionar música, recortar vídeos, colocar transições, efeitos, desfocar o fundo, adicionar textos, filtros, animações e muito mais.

Disponível no Google Play e Apple Store.

TikTok (vídeos)

Disponível como rede social desde 2016, o TikTok também é uma ótima saída para quem quer criar vídeos e adicionar alguns recursos gráficos, como dublagens de voz, imagens ao fundo do vídeo e música de fundo. Entretanto, ao baixar os vídeos editados por lá para replicar em outras redes sociais, eles sempre são reproduzidos com o logotipo do TikTok, e ao publicar em redes como o Instagram, por exemplo, o vídeo pode ficar com um corte diferente. Preste atenção a esse detalhe. Disponível no Google Play e Apple Store.

Trello (organização de tarefas)

Com essa ferramenta, você consegue organizar toda a sua produção de conteúdo em cartões, separando o que precisa ser feito, o que está em andamento e o que foi concluído. Nele também é possível criar um calendário de publicações, fazer *checklist* das atividades, subir todo tipo de arquivo, colocar alertas de lembretes para não deixar nada passar e adicionar outras pessoas de sua equipe para disseminar tarefas. Disponível na versão *web*, Google Play e Apple Store.

Estúdio de Criação (organização e estatísticas)

E já que falamos de organização, apresentamos também o Estúdio de Criação do Facebook, que permite o agendamento de postagens para publicações do Facebook e Instagram de mais de uma conta, além de ficar por dentro das estatísticas de cada postagem. Disponível no Facebook.

Mojo (vídeos e *stories*)

O Mojo é um aplicativo simples de usar para animar vídeos. Além dos recursos de música, textos, transição e efeitos, ele também possui *templates* disponíveis para você usar e adaptar conforme sua identidade visual. Disponível no Google Play e Apple Store.

Foodie (fotos)

Dica especial para empreendedores do ramo alimentício: o Foodie é um aplicativo específico para fotos gastronômicas. Seus filtros são feitos justamente para comidas e, quando adicionados a fotos de pratos, transformam qualquer alimento em uma refeição desejável. Disponível no Google Play e Apple Store.

Later (organização)

O Later permite que você agende e gerencie visualmente todas as suas futuras postagens no Instagram, Facebook, Pinterest e Twitter. Ele é um ótimo aliado para a organização e permite que tudo seja feito de maneira bem visual. Disponível no Google Play e Apple Store.

UNUM (organização de feed e edição de fotos)

Esse aplicativo é bem similar ao Later, permitindo que você confira como seu conteúdo irá ficar ao publicar nas redes sociais, ou seja, ideal se você é do tipo que organiza seu feed em cores e ordens para cada tipo de imagem. Além dessa função, ele também disponibiliza alguns *presets* e filtros para aplicar nas imagens, e trabalha com a função paleta de cores: você sobe uma imagem e o aplicativo disponibiliza o código das cores da foto, ajudando quem organiza o *feed* por tons. Disponível no Google Play e Apple Store.

Quik (fotos e vídeos)

Para vídeos, o Quick permite que você faça transições, cortes, adicione vinhetas, fotos, textos, músicas, controle a velocidade do vídeo (superlenta, congelada, rápida), além de oferecer *templates* prontos. Para as fotos, ele disponibiliza filtros e permite que você publique imagens no mural particular do aplicativo para não perdê-las no rolo de sua câmera. Além disso, o Quik tem recursos para proprietários da câmera GoPro, como transmissão ao vivo, nivelamento de horizonte e backup ilimitado na nuvem. Disponível no Google Play e Apple Store.

TEMPOS DE CRISE: COMO LIDAR COM UMA QUEDA DE FATURAMENTO NÃO PREVISTA

Em momentos mais turbulentos, é natural que clientes priorizem o que estão consumindo e façam compras apenas do necessário. É nessa hora que você precisa ficar atento: quando diminui o fluxo de clientes em sua loja, diminui também o volume de suas vendas e, em consequência, o faturamento. Além disso, os produtos tendem a ficar encalhados, e o desafio de empreender se torna ainda maior. A essa altura do campeonato, você pode se sentir perdido e se desesperar, mas aqui você vai ver qual o melhor caminho a seguir.

Já pensou quanto trabalho você pode poupar se já tiver uma estratégia programada para períodos mais difíceis? Estamos falando das **medidas de prevenção** e como fazer isso para que seu negócio fique tranquilo em momentos de crise. Fique de olho nas dicas a seguir para prevenir o seu negócio de sofrer consequências ao passar por contratempos.

Tenha um planejamento financeiro

Ter uma reserva financeira é muito importante para se prevenir de imprevistos e qualquer tipo de crise que possa surgir. É importante construir essa reserva a longo prazo; assim, você não prejudica as finanças do seu negócio.

Sabendo disso, precisa ficar claro que essa reserva não é a mesma coisa que capital de giro, muito menos sua poupança pessoal. É realmente uma reserva de emergência do seu negócio. É recomendado que essa reserva seja suficiente para manter seu negócio por cerca de três a seis meses, e será destinada para custos que não estavam previstos, como acidentes, troca de máquinas em momentos inesperados, corte de grandes clientes e muitas outras coisas que podem acontecer. Por isso, é importante que seja fácil retirar esse dinheiro de um dia para outro, em caráter emergencial.

Você pode montar a sua reserva retirando pequenas quantias durante alguns meses. O importante é se planejar. Defina quanto precisa, a quantidade de dinheiro que você pode retirar mensalmente e onde fará essa reserva. Essas retiradas não podem comprometer seu negócio, mas vale fazer aquele esforço para que a reserva se forme em um curto tempo. A maior vantagem é se prevenir de endividamentos e não precisar recorrer a empréstimos para manter seu negócio, caso ocorram imprevistos.

No caso de você ainda não possuir uma reserva financeira, tenha paciência. Você pode pesquisar e buscar as melhores fontes de crédito (ou microcrédito) para seu negócio disponíveis no mercado. Nesse momento, é preciso levar em conta que muitos bancos e cooperativas de crédito já estão buscando soluções para esse período, mas você que empreende não pode se desesperar e assumir contas ou empréstimos perigosos para sua organização financeira, ok? Existe microcrédito de todos os tipos, com valores, número de parcelas e taxas de juros muito variáveis. Por isso, lembre-se: é preciso se manter informado e não deixe de tirar todas as suas dúvidas antes de optar por um microcrédito.

Faça uma gestão estratégica de estoque

Gerenciar o estoque de maneira estratégica é uma atividade que exige **planejamento e análise** para evitar perdas financeiras. Por isso, em períodos mais difíceis, é preciso ter um cuidado ainda maior.

O primeiro passo é analisar cada item do seu mix de produtos. Cuidado para não olhar apenas para o histórico de vendas ou fatores como sazonalidade — afinal, é preciso observar e analisar principalmente o contexto atual para tirar as melhores conclusões com o objetivo de evitar desperdício ou falta de giro.

Em seguida, olhe mais profundamente para o perfil dos seus clientes. Com base nas informações que você já tem sobre eles, faça uma análise e se permita construir estratégias de promoções para limpar seus estoques que estejam parados. Aproveite esses dados e saia na frente da concorrência, desenvolvendo campanhas promocionais e de fidelização.

Conhecendo o mix de produtos e o cliente, chegou a hora de fazer a compra dos produtos com seus fornecedores, e se você cumpriu os dois primeiros passos, vá com tranquilidade! **Fazer uma compra com essas análises impede que você tenha acúmulo de produtos e, assim, também consiga reduzir custos.** Ter em mente quando e quanto deve comprar de cada fornecedor irá ajudar a manter o estoque equilibrado.

Além desse passo a passo, fique sempre de olho nos custos de manutenção desse estoque (energia, aluguel, desgaste etc.) e na possibilidade de esses produtos vencerem ou saírem de linha.

Dê força a seu atendimento on-line

Pense em maneiras de deixar seus clientes confortáveis ao comprar seu produto ou serviço, mesmo em tempos de dificuldade. Quando pensamos em uma crise na saúde, por exemplo, existe um aumento do número de pessoas dentro de casa como maneira de se prevenir da contaminação e, com isso, surge uma oportunidade a ser explorada: as vendas on-line. Assim, as pessoas ainda conseguem consumir, mas sem risco algum!

Independentemente do que esteja acontecendo no seu negócio ou no mercado, não podemos negar que a comunicação aproxima o empreendedor do cliente. Por isso, mesmo sendo um momento mais delicado, que exige cuidados, não saia no prejuízo. Entre em contato com seu cliente utilizando e-mail, redes sociais e até mesmo pelo WhatsApp, se você tem um contato mais próximo.

Mas o que você pode fazer para que os clientes não esqueçam do seu negócio? Primeiro, uma boa dica é informar com clareza os horários de funcionamento, principalmente caso tenha alguma alteração, para que nenhum cliente vá até sua loja quando ela estiver fechada. Outra dica é aproveitar aquele estoque que está parado para oferecer promoções e montar combos. Mesmo que eles não consumam, você está fazendo sua parte, deixando sua marca na mente do consumidor.

Adapte o seu negócio para o on-line

Você tem um restaurante? Pense em marmitas para entregar. Tem um mercadinho no bairro? As pessoas vão querer produtos frescos do mercado, e você pode oferecer esse serviço de entrega. É *personal trainer*, professor de inglês ou *coach*? *Bora* fazer esses encontros on-line via Skype. Vende roupas, acessórios? Aproveite para explorar marketplaces como o Mercado Livre ou até mesmo o Whatsapp. Coloque a cabeça para funcionar: planeje como você pode encaixar o seu negócio nesse contexto e evitar que ele pare de funcionar.

Pagamentos digitais: a hora é agora!

Por último, se você ainda não acrescentou as formas de pagamento digital no seu negócio, não espere nem mais um minuto. Com o surgimento das contas digitais, os negócios que ainda não incorporaram essas novas formas de pagamento acabam ficando para trás. Pense o que faz sentido para o seu negócio, como boleto, depósito, cartões de débito e crédito, links para pagamento, botões de pagamento, e adicione se necessário. Lembrando que esses cuidados precisam ser planejados **como maneira de prevenção**, e não como uma ação corretiva para tratar a causa na hora que o problema surge.

COMO PARAR DE VENDER FIADO

Vender fiado é a prática de vender um produto ou serviço e não receber o pagamento ao mesmo tempo, confiando que o cliente irá pagar o valor que deve mais tarde. Como muitos já sabem, essa prática é bem comum e até pode parecer um bom negócio para fidelizar um cliente e não perder a oportunidade de vender. Porém, se o cliente não paga, obviamente ela se torna um péssimo negócio.

O grande problema de vender fiado é que você terá de confiar que o cliente vai pagar. Porém, às vezes ele esquece de fazer o pagamento ou até lembra, mas não tem o dinheiro. E algumas pessoas realmente não pagam por uma questão de má-fé. E acredite: todas essas situações podem acontecer com você, inclusive com um cliente que você confia ou que pensa que conhece bem.

Há pelo menos três principais razões para não vender fiado. Pensando na saúde do seu negócio e na sua relação com os seus clientes, considere cada uma delas.

Quando você vende fiado, quem paga a conta é você

Por mais que a ideia seja a de que o cliente vai pagar depois o que ele comprou agora, quando você vende um produto ou serviço fiado quem acaba pagando a conta é você, pois não há nenhuma garantia de que o cliente realmente irá pagar depois. Você gasta o seu tempo, sua mão de obra, seu raciocínio, sua criatividade, matéria-prima, dinheiro... e não recebe nada por isso! Muito injusto, não é mesmo?

Aqui, vale a mesma lógica de quando se empresta dinheiro para alguém: você nunca deve fazer isso com um recurso do qual vai precisar depois, pois não sabe se a pessoa realmente irá pagar. Se vender fiado, conte que perdeu ali um dinheiro pelo seu produto/serviço.

Amigos, amigos... negócios à parte

O ditado é bem claro: misturar amizades e negócios não é uma boa fórmula, ainda mais se, no meio disso, entram dívidas e calotes. Falar sobre dinheiro não costuma ser uma coisa agradável, principalmente quando envolve cobrança. Existe aquele amigo que conhece e apoia você. Como retribuição, você demonstra confiança e vende fiado. Aí ele não paga, você fica no prejuízo e ainda prejudica a amizade. Tudo porque você não conseguiu dizer "não". Evite esse tipo de confusão: vender fiado jamais, nem mesmo para amigos e familiares.

Vender fiado é um problemão para a saúde financeira do seu negócio

Esse é bem óbvio, não é? O caso é que, mesmo que você receba o dinheiro depois, com certeza vender fiado ainda causará um problema na sua gestão financeira, pois vai registrar uma venda no seu fluxo de caixa ou livro-caixa que não corresponderá a uma entrada de dinheiro.

Você pode pensar: "Mas vender fiado uma vez ou outra não faz diferença, eu consigo me virar." Só que faz diferença, sim! Esse dinheiro deveria estar em caixa para que você pudesse pagar os custos do negócio e investir nele. Se você não dispõe do valor, terá de tirar de algum lugar que vai acabar sofrendo com essa perda e, mais cedo ou mais tarde, prejudicar o andamento do seu negócio e até de suas finanças pessoais. Além disso, a pessoa que compra fiado uma vez vai querer comprar fiado sempre.

No "dicionário dos negócios", vender fiado é sinônimo de imprevisão, pois não se tem nenhuma garantia do pagamento e nem quando esse dinheiro vai entrar. A imprevisão acaba com qualquer planejamento e pode atrapalhar o funcionamento do seu negócio. Não receber pela venda geralmente repercute diretamente no salário do empreendedor (o pró-labore), já que ele não tem opção de fugir das contas a serem pagas. E, sendo sincero, quem gosta de receber o seu próprio salário com atraso ou incompleto?

Três dicas para parar de vender fiado no seu negócio

Depois de ter ficado evidente que vender fiado é um problema, fica a questão: se alguém pede para comprar e pagar depois, como dizer "não" sem perder o cliente? Veja a seguir algumas dicas de como não cair nessa cilada.

Ofereça mais de uma forma de pagamento.

Hoje em dia, muita gente prefere andar com cartão por segurança, evitando levar o dinheiro. Por isso, às vezes é interessante pensar em outras formas de pagamento que não seja a tradicional, em espécie. Ter uma maquininha que aceite cartão de crédito e débito é uma opção para aqueles que estão sem o dinheiro poderem pagar no momento da compra.

Outra ideia é apostar no PIX, modalidade de pagamento via transferência bancária sem taxas (pelo menos, por enquanto) e instantânea. Além disso, hoje em dia também existem outras formas de pagamento que você pode adotar no seu negócio, como o PicPay e WhatsApp Pay.

Sugira outra data de compra do produto.

Quando o cliente quer comprar algo, mas diz que não tem o dinheiro agora nem na conta bancária para passar um PIX ou o cartão de crédito, fale a pura verdade, mas com diplomacia: você não pode aceitar porque tem compromissos com fornecedores, e vender fiado acabaria prejudicando seu negócio. Mas não perca o relacionamento com o cliente — pergunte quando ele terá recursos para comprar e diga que você pode reservar o produto até a data. Dessa forma, você evita vender fiado, mas demonstra interesse pela compra e pelo cliente.

Coloque avisos no local de venda sobre as formas de pagamento.

Faça um texto simples que deixe claro as formas de pagamento que você aceita e cole em um lugar bem visível, explicando também que não aceita vender fiado. Isso pode evitar um constrangimento na hora de dizer “não”. A pessoa vai ler o aviso e pensar duas vezes antes de perguntar. E se ainda assim a perguntar vier, tenha coragem para negar.

Depois de todas essas razões e dicas, é hora de colocar o aprendizado em prática. Dê valor ao seu trabalho e entenda os riscos que vender fiado traz para o seu empreendimento. Quando você entende isso, vai criando mais a coragem, a confiança e a autoestima necessárias para dizer “não” sem titubear.

Sobre a Aliança Empreendedora

Sabemos que todos podem empreender de forma digna e justa, e acreditamos no empreendedorismo como forma de transformar o Brasil. Para isso, capacitamos e apoiamos gratuitamente microempreendedores formais e informais em comunidades e periferias de todo o país, gerando inclusão e desenvolvimento econômico social em parceria com empresas, governos, organizações sociais e outros grupos interessados. Saiba mais em: www.aliancaempreendedora.org.br.

Capacite-se de forma on-line e gratuita

Tamo Junto é uma plataforma de conteúdos on-line e gratuitos desenvolvida pela Aliança Empreendedora. Ela oferece acesso a cursos com certificado, videoaulas, artigos e ferramentas de gestão. Todos os conteúdos têm o objetivo de gerar novas oportunidades de negócio, trabalho e renda através do empreendedorismo, promovendo inclusão e desenvolvimento econômico e social. Saiba mais em: www.tamojunto.org.br e www.youtube.com/tmjunto.

Receba mentoria gratuita acessando o *Guru de Negócios*

A plataforma *Guru de Negócios* tem por objetivo conectar microempreendedores com mentores voluntários de todo o Brasil. Se você quer receber ou oferecer mentoria, acesse: www.gurudenegocios.org.br.

Nossa missão

Unir forças para que pessoas possam ser empreendedoras, promovendo a inclusão e o desenvolvimento econômico e social.

Nossa visão

Fazer da economia um lugar justo para todas e todos.

Direção editorial
Daniele Cajueiro

Editor responsável
Omar Souza

Produção editorial
Adriana Torres
Júlia Ribeiro
Juliana Borel

Equipe Aliança Empreendedora
Helena Casanovas Vieira
Verônica Maia
Camila Reis

Texto adaptado
Solange Noronha

Copidesque
Lucas NS

Revisão
Clarice M. Goulart

Diagramação
Alfredo Rodrigues

Este livro foi impresso em 2023,
pela Exklusiva, para a Agir.